Was stimmt?

DDR

Die wichtigsten Antworten

HERDER spektrum

Band 5735

Das Buch

Gab es zur deutschen Teilung wirklich keine Alternative? Hat es jemals so etwas wie ein sozialistisches Deutschland gegeben? Und welche Position kam der DDR innerhalb des Machtbereichs Moskaus zu: reine Marionette oder ein in Ansätzen souveräner Staat? Über 15 Jahre nach der deutschen Wiedervereinigung verschwimmt die Erinnerung an die DDR zusehends. Ostalgie auf der einen Seite, auf der anderen der Vorwurf des alles und jeden kontrollierenden Unrechtsstaats. Kenntnisreich behandelt Rainer Eckert die wichtigste Fragen zur DDR und beschreibt so die vielen Facetten des SED-Staates. Vom Kriegsende bis zum Fall der Mauer. Vom Alltagsleben bis hin zu den Versuchen der internationalen Anerkennung. Zwischen Repression und sozialer Eingebundenheit. Das Wichtigste zum Thema DDR.

Der Autor

Rainer, Eckert, Prof. Dr., geboren 1950 in Potsdam. Studium der Archivwissenschaft und Geschichte in Berlin. 1972 Universitätsverweis im Zuge politischer Verfolgung. Seit 2001 Direktor der Stiftung Haus der Geschichte der Bundesrepublik Deutschland/Zeitgeschichtliches Forum Leipzig, ab 2003 Privatdozent, ab 2006 außerplanmäßiger Professor am Institut für Kulturwissenschaften der Universität Leipzig.

Rainer Eckert

Was stimmt?

DDR

Die wichtigsten Antworten

HERDER

FREIBURG · BASEL · WIEN

Für Ben

Gedruckt auf umweltfreundlichem,
chlorfrei gebleichtem Papier

Originalausgabe

www.herder.de
Herstellung: fgb · freiburger graphische betriebe 2007
www.fgb.de
Umschlaggestaltung und Konzeption:
R·M·E München / Roland Eschlbeck, Liana Tuchel
Covermotiv: © Corbis
ISBN 978-3-451-05735-9

Inhalt

Einleitung

16 Jahre, nachdem die Deutsche Demokratische Republik durch eine von großen Teilen ihrer Bevölkerung getragene friedliche Revolution ihr Ende fand sind zwar viele Bereiche der zweiten deutschen Diktatur vorzüglich erforscht, dennoch wollen die Klagen nicht verstummen, dass eine ernsthafte Auseinandersetzung mit der DDR erst noch beginnen müsse. Gestritten wird auch über die Charakterisierung dieses Staates: Viele meinen, dass es sich bei dem kommunistischen deutschen Teilstaat eindeutig um eine Diktatur gehandelt habe, andere betonen dagegen sozialpolitische Aspekte. Dazwischen erstreckt sich ein weites begriffliches Spektrum von Totalitarismus über durchherrschte Diktatur, sowjetische Kolonie und Unrechtsstaat bis hin zum missglückten sozialistischen Experiment.

Friedliche Revolution

Auch hinsichtlich der Rolle der Staatspartei SED gehen die Urteile weit auseinander: Unterdrückung, Terror, Opposition und Widerstand auf der einen Seite, Standards von Sozial- und Wirtschaftspolitik auf der anderen. Besonders junge Menschen wissen wenig über die DDR, und blickt man auf das Ende der Diktatur, bekennt sich die Mehrheit der Deutschen nicht etwa freudig zu einer Revolution, sondern verwendet unüberlegt den verschwommenen Begriff der »Wende«. So ist zwar die Forschung weit vorangeschritten, das Wissen über die DDR aber nicht. Hier ist Abhilfe nötig, geht es doch um die Stabilisierung unserer Demokratie, um das Lernen aus der Geschichte deutscher Diktaturen.

Defizite der Forschung

Neben einer großen Anzahl spezieller Forschungsarbeiten liegen inzwischen auch die ersten umfassenden Darstellungen der zweiten deutschen Diktatur vor. Hier werden Defizite deutlich, die unter anderem darin bestehen, dass die Geschichte der DDR zu wenig als Teil der deutschen Nationalgeschichte verstanden wird. Viele Wissenschaftler scheuen vor dem Vergleich mit der diktatorischen Herrschaft der Nationalsozialisten ebenso zurück wie vor dem mit der demokratischen Bundesrepublik. Auch sind immer wieder Fehlurteile und Legenden über die DDR zu hören.

»Was stimmt? DDR« setzt auf Allgemeinverständlichkeit und verzichtet daher bewusst auf Anmerkungen und wissenschaftliche Erörterungen. Der Verfasser stützt sich auf eine Vielzahl von Forschungsarbeiten. Besonders hervorzuheben sind die Bücher von Karl-Wilhelm Fricke, Günther Heydemann, Ilko-Sascha Kowalczuk, Ulrich Mählert, Ehrhart Neubert, Klaus Schroeder, Hermann Weber und Stefan Wolle. Dazu kommen, das Lexikon »Opposition und Widerstand in der SED-Diktatur« und das »Lexikon des DDR-Sozialismus«. Die Hauptfrage war, was an der Geschichte der zweiten deutschen Diktatur wesentlich ist, woran erinnert werden soll und womit sich kritisch auseinandergesetzt werden muss.

Von der Zone zum Staat

»Zur Teilung Deutschlands gab es keine Alternative«

Kriegsende und Befreiung vom Nationalsozialismus

Kriegskonferenzen

Die Konferenzen der Regierungschefs der USA, der Sowjetunion und Großbritanniens 1943 und 1945 in Teheran, Jalta und Potsdam standen unter dem Zeichen, den Krieg in Europa zu beenden und eine künftige Bedrohung durch Deutschland auszuschließen. Bald wurden zwischen den Alliierten jene Gegensätze sichtbar, die zur Herausbildung des Ost-West-Konflikts führen sollten. Für die USA hatte die Beendigung der Kampfhandlungen in Europa und in Asien absoluten Vorrang, während die UdSSR ihre Einflusssphäre in Mittel- und Südosteuropa ausdehnen wollte. Moskau beabsichtigte, den eigenen Einflussbereich nach Westen auszudehnen, während Großbritannien versuchte, die Dominanz Stalins in Europa nach Kriegsende zu verhindern.

Potsdamer Konferenz (17. Juni bis 2. August 1945)

Eines der Ziele der Potsdamer Konferenz war, nach dem Ende der Kriegshandlungen in Europa die Kapitulationsbedingungen für das Deutsche Reich zu regeln; es ging um die Gestaltung der Grenzen und die Grundsätze der Besatzungspolitik. Deutschland sollte entnazifiziert, entmilitarisiert und wirtschaftlich so geschwächt werden, dass es nie wieder eine militärische Bedrohung darstellen würde. Bis zu einem späteren Friedensvertrag kamen die deutschen Gebiete östlich von Oder und Neiße unter polnische Verwaltung, der nördliche Teil Ostpreußens ging an die Sowjetunion. Grundlegende Aussagen über die weitere staatliche Organisation Deutschlands wurden vermieden. Die eigentliche Macht sollte ein Alliierter Kontrollrat ausüben, über die einzelnen Besatzungszonen bestimmten die jeweiligen militärischen Oberbefehlshaber. Obwohl Deutschland und Berlin in Besatzungszonen geteilt wurden, glaubte zu diesem Zeitpunkt niemand, dass damit endgültige Grenzen gezogen sein könnten.

»Von Stettin am baltischen Meer bis Triest an der Adria ist quer durch den Kontinent ein eiserner Vorhang gefallen. Hinter dieser Linie liegen alle Hauptstädte der früheren Länder Zentral- und Osteuropas ...«. Winston Churchill

Eiserner Vorhang und System von Jalta

Der »eiserne Vorhang«, der Deutschland und Europa in zwei feindliche Lager teilen sollte, war jedoch nicht zwangsläufig ein Ergebnis der alliierten Kriegs- bzw. Nachkriegskonferenzen. Entscheidend für die oft »System von Jalta« genannte Teilung des Kontinents waren die jeweiligen Zielsetzungen und Überzeugungen, die die Alliierten voneinander schieden. Zielsetzungen, die weder überwunden werden konnten noch sollten, die es allein durch Kompromisse zu überdecken galt. Bereits das Potsdamer Abkommen hatte gezeigt, dass es zwischen den Siegern nur noch einen Minimalkonsens gab. Deutschland wurde zum Objekt der alliierten Politik. Es sollte Gebiete verlieren und Wiedergutmachung leisten. »Militarismus und Nazismus« waren auszurotten, gleichzeitig galt es, ein einheitliches Staatswesen sowie eine gemeinsame Wirtschaft zu erhalten. Der Hauptgrund für die Teilung Deutschlands war schließlich die wirtschaftliche, soziale und politische Umgestaltung der Sowjetischen Besatzungszone (SBZ) im stalinistischen Sinn.

Vorbild Sowjetunion

Vermutlich hatte die Führung in Moskau alternative Pläne. Neben der Zerschlagung des Nationalsozialismus und des deutschen Militarismus stand der Wunsch nach möglichst hohen Reparationszahlungen. Dies hätte eine Lösung für ganz Deutschland und die Kooperation mit den westlichen Alliierten nahe gelegt. Vermutlich war es das Maximalziel Moskaus, Deutschland insgesamt in sein Machtsystem zu integrieren oder wenigstens zu neutralisieren. Allerdings ließ sich diese gesamtdeutsche Konzeption nicht durchsetzen, und so konzentrierte sich die sowjetische Führung in ihrer Besatzungszone auf die Transformation von Politik, Wirtschaft und Gesellschaft nach sowjetischem Vorbild. Dem entsprachen die Formierung der »Sozialistischen Einheitspartei Deutschlands« (SED) als »Partei neuen Typus« und die Blockpolitik.

Als besiegter Aggressor hatte Deutschland nicht die Möglichkeit, seine staatliche Einheit zu erhalten. Die Entscheidungsgewalt lag bei den Alliierten. Ausschlaggebend für die Spaltung Deutschlands waren nicht die Kriegs- und Nachkriegskonferenzen, sondern die dem Zweiten Weltkrieg folgende Machtpolitik im Zeichen eines sich verschärfenden »Kalten Krieges«.

Katastrophale Situation in Nachkriegsdeutschland

Der Zweite Weltkrieg hatte in Deutschland ein Drittel des Volksvermögens vernichtet, die deutsche Industrieproduktion erreichte ebenfalls nur noch den dritten Teil ihres Vorkriegsstandes. Die Transport- und Kommunikationssysteme waren weitgehend zerstört, und rund 25 Millionen Menschen hatten als Vertriebene, Umsiedler oder Ausgebombte Heimat oder Wohnung verloren. Mehr als zwölf Millionen Deutsche wurden direkt vertrieben, die Zahl der Todesopfer lag dabei nach Schätzungen bei über zwei Millionen. Hinzu kamen mehr als fünf Millionen Gefallene sowie Hunderttausende, die dem Bombenkrieg zum Opfer gefallen waren. Die Nationalsozialisten hatten aus »rassischen Gründen« mehrere Millionen Menschen ermordet. Nach Kriegsende befanden sich elf Millionen deutsche Soldaten in den Gefangenenlagern der Alliierten.

Sieger der Geschichte

In der Geschichtslegende der SED galt das Ende des Zweiten Weltkriegs als Befreiungstat der Sowjetarmee. Schließlich hätten am Nationalsozialismus allein Junker, Monopolkapitalisten und Ausbeuter die Schuld getragen. Dies verbanden die deutschen Kommunisten mit einer

Schuldzuweisung an die westdeutschen »Revanchisten«. Verlierer wandelten sich zu Siegern der Geschichte, wobei die Schrecken der Eroberung Ost- und Mitteldeutschlands durch Stalins Truppen ebenso ausgeblendet blieben wie die damit verbundenen Vergewaltigungen, Morde, Vertreibungen und »politischen Säuberungen«. Diese Untaten lagen zum einen in der unmenschlichen Kriegführung der Nationalsozialisten begründet, zum anderen aber auch in der sowjetischen Kriegsideologie und -propaganda.

Stalinistischer Terror

Unmittelbar nach Kriegsende begann in der Sowjetischen Besatzungszone der stalinistische Terror zu wüten: Aktionen der Geheimpolizei, Verhaftungen, Folterungen, Deportationen und die Errichtung von Haftanstalten waren an der Tagesordnung. Eine besondere Rolle spielten die sowjetischen Speziallager. Zwar wurden in allen Besatzungszonen NS-Belastete, Nationalsozialisten, Funktionsträger des NS-Systems und der Besatzungsherrschaft als »gefährliche Personen« interniert, doch die sowjetischen Lager zeichneten sich durch besonders unmenschliche Lebensbedingungen aus. Von den ca. 150000 Inhaftierten starb etwa ein Drittel durch Krankheit und Hunger. Zunehmend dienten die Lager zur Sicherung der Herrschaft Moskaus. Tausende Deutsche wurden zur Arbeit in das Reich Stalins deportiert. Vermehrt verurteilten sowjetische Militärtribunale Menschen, die der Besatzungsherrschaft kritisch oder ablehnend gegenüber standen oder von denen man dies vermutete. Nach der Auflösung der Lager im Jahr 1950 mussten viele der Gefangenen in Haftanstalten der DDR weiter leiden. Die SED übernahm mit ihrer Geheimpolizei und Klassenjustiz die Ausübung der politischen Repression.

Befreiung vom Nationalsozialismus

Kann also für den Osten tatsächlich von einer Befreiung vom Nationalsozialismus gesprochen werden? Mit dem 8. Mai 1945 fanden in Deutschland und Europa die braune Pest, der Massenmord aus »rassischen Gründen« und der Vernichtungskrieg ein Ende. Das galt auch für den Osten Deutschlands, der nun zu Stalins Machtbereich gehörte. Sicher gab es im Gegensatz zu den westlichen Besatzungszonen keine Befreiung zur Demokratie. Entscheidend ist bei aller Ambivalenz jedoch die Befreiung vom Nationalsozialismus. Es ist das Datum der Erlösung und der Trauer. Wie immer ist Geschichte dabei in ihrem Kontext zu analysieren und nur so zu verstehen: Ohne einen 30. Januar 1933 hätte es keinen 8. Mai 1945 gegeben.

»Die Vereinigung von KPD und SPD überwand die Spaltung der deutschen Arbeiterbewegung«

Die SED und die Wahlen in der DDR

Parteiengründungen

Mit dem Befehl Nr. 2 vom 10. Juni 1945 ließ die Sowjetische Militäradministration (SMAD) in ihrer Besatzungszone sehr früh die »Bildung und Tätigkeit aller antifaschistischen Parteien« zu, auch die von Gewerkschaften. Überraschenderweise bekannte sich die Kommunistische Partei Deutschlands (KPD) in ihrem Gründungsaufruf vom 11. Juni 1945 zu einer »parlamentarisch-demokratischen Republik« mit »allen Rechten und Freiheiten für das Volk«. Deutschland »das Sowjetsystem aufzuzwingen«, sei falsch. Vier Tage später plädierten die Sozialdemokraten (SPD) für »Demokratie in Staat und Gemeinden« bei »Sozialismus in Wirtschaft und Gesellschaft«.

Aus dem Befehl Nr. 2 der SMAD

»Auf dem Territorium der Sowjetischen Okkupationszone in Deutschland ist die Bildung und Tätigkeit aller antifaschistischen Parteien zu erlauben, die sich die endgültige Ausrottung der Überreste des Faschismus und die Festigung der Grundlage der Demokratie und der bürgerlichen Freiheiten in Deutschland und die Entwicklung der Initiative und Selbstbetätigung der breiten Massen der Bevölkerung in dieser Richtung zum Ziel setzen.«

Gemeinsam mit den bürgerlichen Parteien Christlich-Demokratische Union (CDU) und Liberal-Demokratische Partei (LDP) beschlossen KPD und SPD im Juli die Bildung einer »festen Einheitsfront«, ohne dabei die eigene Selbständigkeit aufzugeben. Der Wunsch, die Spaltung der deutschen Arbeiterbewegung zu überwinden, war zu diesem Zeitpunkt in der SPD und der KPD weit verbreitet. Doch vorerst stoppte die kommunistische Führung derlei Bestrebungen, da sie auf ein Überflügeln der Sozialdemokraten setzte. Als sich diese Hoffnung im Sommer 1945 als Wunschgebilde erwies, schwenkten die Führer der KPD um und setzten nun auf den Zusammenschluss beider Arbeiterparteien.

Walter Ulbricht

Der Sinneswandel der kommunistischen Führer lag darin begründet, dass es ihnen mit Hilfe von aus der Sowjetunion zurückgekehrten Funktionärsgruppen wie z. B. der Gruppe Ulbricht gelungen war, ihren Parteiapparat aufzubauen. Allerdings fand die KPD nicht den erhofften Rückhalt bei den Deutschen. Inzwischen hatten die Sozialdemokraten größere Unterstützung erlangt und ihren politischen Führungsanspruch formuliert. Auf dem »Vereinigungsparteitag« am 21. und 22. April 1946 in Berlin ging die Sozialistische Einheitspartei Deutschlands aus einer Mischung von Zustimmung, Zwang durch die Sowjetische Militäradministration und Täuschung über die Chancen einer gleichberechtigten Zusammenarbeit

Zwangs-
vereinigung
von SPD und KPD

von KPD und SPD hervor. Die ursprünglich versprochene Parität zwischen Kommunisten und Sozialdemokraten in den Parteivorständen veränderte sich alsbald zugunsten ehemaliger KPD-Mitglieder. Nach dem Vorbild der Kommunistischen Partei der Sowjetunion (KPdSU) folgte ab 1948 die endgültige Umformung der SED zur stalinistischen »Partei neuen Typus«. Die Dominanz der Kommunisten war gesichert, »Sozialdemokratismus« galt nunmehr als schwerer Vorwurf. Nicht wenige Sozialdemokraten büßten für ihre politische Überzeugung in Lagern und Zuchthäusern.

Demokratischer
Zentralismus

In kürzester Zeit hatte sich die SED zu einer totalitären Staatspartei mit gestuftem Schulungsapparat und einer zentralisierten Kaderpolitik entwickelt. Säuberungen sorgten für eiserne Parteidisziplin. Nach dem Prinzip des »demokratischen Zentralismus« war außerhalb der Parteitage das Politische Büro des Zentralkomitees der SED (Politbüro) die entscheidende Machtzentrale in der DDR. An der Spitze der Machtpyramide herrschte das Politbüro unter Walter Ulbricht und später Erich Honecker mit absolutem Gehorsamsanspruch über die SED und, mit dem hierarchisch gestuften Nomenklaturkadersystem, über Staat und Gesellschaft.

Alle wichtigen Entscheidungen wurden von der Staatspartei gefällt und von den zu ihren Strukturen spiegelbildlichen staatlichen Einrichtungen umgesetzt. Die totale Konzentration der Macht führte jedoch auch zu Lähmungserscheinungen des Systems, da an der Spitze sehr oft banale Kleinigkeiten entschieden wurden. Im Vorfeld der friedlichen Revolution im Sommer 1989 war schließlich das Stadium der totalen Selbstlähmung erreicht.

Zusammenbruch

Der Zusammenbruch der SED-Herrschaft erfolgte bei nur geringer Gegenwehr, da die herrschende Nomenklatura den Glauben an sich, an ihre »Mission« und an den »großen Bruder in Moskau« verloren hatte. Die Funktionäre der Staatspartei ließen den Führungsanspruch ihrer Partei aus der DDR-Verfassung streichen, sie stürzten Honecker und öffneten die Berliner Mauer. All das konnte ihren Untergang jedoch nicht aufhalten. In Scharen verließen die zuletzt mehr als 2,3 Millionen Mitglieder und Kandidaten der SED eine Partei, die letztlich nicht die Arbeiterbewegung vereint, sondern die ostdeutsche Sozialdemokratie vernichtet hatte. Dies änderte sich erst durch die Gründung der (neuen) Sozialdemokratischen Partei in der DDR (SDP) am 7. Oktober 1989 in Schwante, die den Führungsanspruch der SED konsequent in Frage stellte.

Volkswahlen und Zettelfalten

In der DDR gab es keine freien Wahlen, sondern nur die geheimpolizeilich überwachte »Absegnung« von bereits vor dem Wahltermin von der SED bestimmter Einheitslisten. Hinzu kamen Wahlfälschungen und der Druck auf diejenigen, die sich den angeblichen Wahlen – auch abfällig als »Zettelfalten« bezeichnet – verweigerten. Die Wahlen dienten ausschließlich der Machtstabilisierung der Staatspartei. Sie sollten helfen, deren

Herrschaftspraxis zu verschleiern und breite Teile der Bevölkerung in politischen Kampagnen zu mobilisieren. Wer die Wahlkabinen benutzte, wurde von Staatspartei und -polizei als »Abweichler« identifiziert. Zwar konnten die Ostdeutschen den Wahlvorschlag ablehnen oder nicht zur Wahl gehen, sie mussten dann aber erheblichem psychischen Druck standhalten und mit politischen Repressionen rechnen. Wahlfälschungen waren in der zweiten deutschen Diktatur nicht ausgeschlossen.

So sollte es auch im Mai 1989 sein, als das »Neue Deutschland« wieder einmal ein Ergebnis von nahezu 99 Prozent Ja-Stimmen für die Kandidaten der »Nationalen Front« verkündete. Doch es kam anders: In verschiedenen Städten der DDR hatten Oppositionelle die wirklichen Wahlergebnisse registriert und schwiegen jetzt nicht mehr. Mitglieder kirchlicher Basisgruppen hatten das Auszählen der Wahlergebnisse überwacht und ihre Zahlen an westliche Journalisten weitergegeben. Sie verbreiteten die tatsächlichen Ergebnisse auf Flugblättern, demonstrierten für die Wahrheit und legten offiziell Beschwerden gegen Fälschungen ein. Das Regime versuchte, den Protest zu unterdrücken, konnte jedoch nicht verhindern, dass er zu einem Auslöser der friedlichen Revolution wurde.

Freie Wahl

Am 18. März 1990 fand die erste freie und demokratische Volkskammerwahl in der Geschichte der DDR statt. 24 Parteien, politische Gruppierungen und Listenverbindungen warben um die

Wählerstimmen. Die alte Staatspartei SED trat jetzt unter dem Namen »Partei des demokratischen Sozialismus« (PDS) an. Der Wahlkampf wurde von der Frage der Wiedervereinigung bestimmt. Er stand stark unter dem Einfluss westdeutscher Parteien und Politiker. Die »Allianz für Deutschland«, ein Wahlbündnis aus der ehemaligen Blockpartei CDU, der »Demokratisch-Sozialen Union« (DSU) und dem »Demokratischen Aufbruch« (DA) siegte mit 48 Prozent der Stimmen. Es kam zu Bildung einer großen Koalition aus CDU, SPD, DA, DSU und den Liberalen, die sich eine rasche Einführung der sozialen Marktwirtschaft und die Vereinigung mit der Bundesrepublik zum Ziel setzte. Die Freiheit der Wahl brachte unweigerlich das Ende der diktatorischen Herrschaft.

»Die DDR war der erste sozialistische deutsche Staat«

Volkskongressbewegung, politisches System und Massenorganisationen

Im Zuge der sowjetischen Deutschlandpolitik machte die Sozialistische Einheitspartei Deutschlands bereits 1946 die Westmächte für die sich vertiefende Teilung Deutschlands verantwortlich und begründete damit ihre Forderung nach einer Mobilisierung des gesamten Volkes, um so den Willen aller Deutschen nach »Erhalt der Einheit« zu bekunden. Dem schlossen sich die anderen Parteien der Sowjetischen Besatzungszone an, während sich die Parteien der westlichen Besatzungszonen mit Ausnahme der KPD diesem Ansinnen verweigerten.

6. und 7. Dezember 1947: Erster Volkskongress

Der erste »Volkskongress für Deutschlands Einheit und gerechten Frieden« trat auf Initiative der SED im Dezember 1947 in Berlin zusammen. Die kommunistische Partei hatte Parteien, Gewerkschaften, Massenorganisationen, Betriebsräte, die Bauernschaft, Künstler und Wissenschaftler aus ganz Deutschland zur Teilnahme aufgerufen. Ziele

Volkskongressbewegung: 1947, 1948 und 1949 fand in der SBZ eine Versammlung aus Delegierten der SED und der mit ihr im Blocksystem gleichgeschalteten Parteien und Massenorganisationen statt, der »Deutsche Volkskongress«.

der Veranstaltung waren, die »deutschen Interessen« auf der Londoner Außenministerkonferenz zu vertreten, die politischen Verhältnisse in der SBZ zu stabilisieren und gegen die Spaltung Deutschlands und für den Frieden zu kämpfen. Dazu verabschiedete der Kongress eine Entschließung, die u.a. den Abschluss eines Friedensvertrages, die deutsche Einheit und eine gesamtdeutsche Regierung forderte. Insgesamt nahmen 2215 »Delegierte« am ersten »Volkskongress« teil – trotz eines Verbots durch die Westalliierten reisten auch aus den westlichen Besatzungszonen Teilnehmer an, denen ein demokratisches Mandat fehlte. Der Großteil der Abgeordneten war jedoch von den Parteien, Massenorganisationen und Landtagen der SBZ entsandt worden. Auf diesem wie auch auf den folgenden »Volkskongressen« besaß die SED eine klare Mehrheit, eine Grundlage, auf der auch der »Ständige Ausschuss des Deutschen Volkskongresses« arbeitete.

März 1948: Zweiter Volkskongress

Der zweite »Volkskongress« wählte 1948 den »Deutschen Volksrat« mit 400 Mitgliedern als ständiges leitendes Gremium mit quasiparlamentarischen Funktionen und Gremien. Der »Volksrat«, der zunehmend Länderkompetenzen an sich gezogen und Zentralisierungseffekte verstärkt hatte, beschloss im März 1949 den Entwurf der Verfassung einer »Deutschen Demokratischen Republik« mit gesamtdeutschen Anspruch. Auf seine Initiative erfolgte im Mai/Juni 1949 ein »Volksbegehren zur Einheit eines demokratischen und friedliebenden Deutschland«, das politisch bedeutungslos blieb. Im Mai 1949 »wählte«

Mai 1949: Dritter Volkskongress

die ostdeutsche Bevölkerung den dritten »Volkskongress« erstmals nach einer vorab festgelegten Kandidatenliste, die trotz Wahlmanipulationen nur 61,1 Prozent der möglichen Stimmen erhielt. Mit dem »Volkskongress« hatte sich die SED ein Instrument geschaffen, ihre politischen Entscheidungen scheinbar demokratisch bzw. parlamentarisch zu legitimieren.

Gründung von Bundesrepublik und DDR

Aber auch der Westen unternahm mit der Verkündung des Grundgesetzes für die Bundesrepublik Deutschland am 23. Mai 1949 und der ersten Bundestagswahl am 14. August 1949 maßgebliche Schritte zur deutschen Teilung. Am 20. Oktober 1949 kam es in Bonn unter Führung der CDU zur Regierungsbildung der Bundesrepublik. Nur wenige Tage zuvor, am 7. Oktober, war in der Sowjetischen Besatzungszone unter der Leitung von Wilhelm Pieck der Volksrat zusammen getreten. Er hatte die DDR konstituiert und sich selbst zur »Provisorischen Volkskammer« erklärt, die erst 1950 durch »Wahlen legitimiert« wurde. Die fünf Landtage bildeten eine Länderkammer, die gemeinsam mit der »Volkskammer« Pieck zum ersten Präsidenten der DDR wählte. In diesem Scheinparlament waren die Zahlenverhältnisse der Fraktionen und die Zusammensetzung der Abgeordneten so festgeschrieben, dass die absolute Mehrheit der SED nie gefährdet war. Dies änderte sich erst im Zuge der friedlichen Revolution mit der ersten und letzten freien und geheimen Volkskammerwahl am 18. März 1990. Nach der Gründung der DDR formte die SED die »Volkskongressbewegung« zur »Nationalen Front«

als Zusammenschluss aller Parteien und Massenorganisationen unter ihrer Leitung und damit zu einem wichtigen Herrschaftsinstrument der Diktatur in Ostdeutschland um.

Grundsätzlich beruhte das politische System der DDR auf Zwang und Verführung. Der Herrschaftsanspruch war totalitär und hatte mit demokratischem Sozialismus oder kritischen Sozialismusvorstellungen nichts zu tun. Ihren Führungsanspruch leitete die SED aus dem Marxismus-Leninismus mit seinem absoluten Wahrheitsanspruch ab und ließ ihn in der »sozialistischen« Verfassung von 1968 verankern. Neben der SED gehörten im Rahmen eines Blocksystems mit der »Nationalen Front« als Dachverband weitere Parteien und Massenorganisationen ohne wirkliche eigene Machtbeteiligung zur politischen Struktur.

»Es muss demokratisch aussehen, wir müssen aber alles in der Hand haben.«

Walter Ulbricht

Herrschaftsapparate

Zur Absicherung ihrer Dominanz verfügte die SED über verschiedene Herrschaftsapparate. Der Staat mit Verwaltung und Rechtsprechung zählte ebenso dazu wie der Apparat für Agitation bzw. Propaganda. Innerhalb dieser Strukturen herrschten die Kommunisten durch zentrale Parteidirektiven, alltägliche Anleitung und Kontrolle, die Pflicht zur Berichterstattung, durch Personalpolitik und geheimpolizeiliche Überwachung. Die Parallelstrukturen von SED und anderen Herrschaftsapparaten erforderten einen hohen personellen und finanziellen Aufwand. Dabei lag der Primat stets bei der Staatspartei.

Parteiämter besaßen immer mehr Macht als entsprechende staatliche Einrichtungen.

Politbüro und Zentralkomitee

In der überzentralisierten DDR war das Politbüro der SED gemeinsam mit seinem Generalsekretär das entscheidende Machtzentrum, das mit Hilfe des Parteiapparates regierte. Die Politbürokraten trafen grundsätzliche Entscheidungen für die gesamte Gesellschaft und versuchten, die Entwicklungsperspektiven des Landes zu bestimmen. Theoretisch war das Zentralkomitee zwischen den Parteitagen zwar dem Politbüro übergeordnet, es konnte diese Position nur begrenzt ausnutzen, da es selten zusammentrat. Die friedliche Revolution im Dezember 1989 erzwang das Ende von Zentralkomitee und Politbüro.

Scheinparlament Volkskammer

Die auf der Grundlage des »Demokratischen Blocks der Parteien und Massenorganisationen« organisierte Volkskammer war nie ein wirkliches Parlament, sondern immer nur eine »Bestätigungsversammlung« für die Politik der SED. Der von der Volkskammer als Regierung gewählte Ministerrat der DDR bildete als Exekutivorgan unter der Hegemonie der SED gemeinsam mit dem Staatsrat als »kollektives Staatsoberhaupt« die Spitze des Staatsapparates. Dem Ministerrat oblag die Anleitung und Kontrolle der Staatsgewalt und der Volkswirtschaft, wobei auch der Staatsrat zeitweilig Regierungsfunktionen wie die Überwachung der Staatsorgane, die Durchsetzung des »demokratischen Zentralismus« und die Einbeziehung der Menschen in staatliches Handeln sowie außenpolitische Aufgaben wahrnahm. Mit der deutschen Einheit am 3. Oktober 1990 endeten die Amtsbefugnisse der am 18. März 1990 frei gewählten Volkskammer und des Ministerrates.

Kollektives Staatsoberhaupt

Der im September 1960 als Organ der Volkskammer gegründete Staatsrat wurde von einem Vorsitzenden geleitet, der als Staatsoberhaupt der DDR den Staat auch außenpolitisch vertrat. Durch die Personalunion des Staatsratsvorsitzenden mit dem Generalsekretär der SED legalisierte die Staatspartei formal ihre Führungsfunktion auch in wichtigen Staatsangelegenheiten. Der Staatsrat hatte das Recht auf Ratifizierung und Kündigung von Staats- bzw. internationalen Verträgen, Ausschreibung der Wahlen zu den »Volksvertretungen«, Berufung der Mitglieder des nationalen Verteidigungsrates, das Amnestierecht und die Aufsicht über die Oberste Gerichtsbarkeit. Er stellte am 5. April 1990 durch Verfassungsänderung seine Tätigkeit ein.

Vorfeld-organisationen

Das von der SED geführte System von Massenorganisationen diente als ein vielfach abgestuftes, aufeinander abgestimmtes Instrumentarium von sozialen Zwängen, Mobilisierungsanreizen und Überzeugungsmöglichkeiten. Mit den von ihr bestimmten Organisationen versuchte die Staatspartei alle politischen, ökonomischen, rechtlichen und sonstigen gesellschaftlichen Ressourcen zur Durchsetzung eigener Ziele zu mobilisieren. Die Massenorganisationen sollten es auch ermöglichen, an tägliche Bedürfnisse, Unzufriedenheiten und Interessen einzelner sozialer Klassen, Berufe und Altersgruppen anzuknüpfen, um die

Diktatur zu stabilisieren. So kam ihnen die Funktion zu, missliebige Aktivitäten schon an der »Basis« zu unterdrücken, den ideologischen Umerziehungsprozess der Bevölkerung zu organisieren, der SED den Nachwuchs zu sichern und die Stimmungen, Wünsche und Interessen der Ostdeutschen zu ermitteln. Jede Organisation hatte für ihren Bereich das Organisationsmonopol.

FDGB

Im Alltagsleben waren außerhalb der Kirchen der Freie Deutsche Gewerkschaftsbund (FDGB), die Freie Deutsche Jugend (FDJ), die Gesellschaft für Deutsch-Sowjetische Freundschaft (DSF) und der Demokratische Frauenbund Deutschlands (DFD) die wichtigsten Organisationen. Beim Gewerkschaftsbund mit seinen zuletzt mehr als neun Millionen Mitgliedern trat die Planerfüllung schnell ins Zentrum des Interesses. Trotzdem vertrat er zumindest partiell die Interessen seiner Mitglieder in sozialen Belangen, in Fragen des Arbeitsschutzes und bei der Wahrung der Rechte der Arbeiter in den Betrieben. Übergeordnet waren jedoch immer die Interessen der SED. Die Auflösung des FDGB begann 1990 mit der Ausdehnung des bundesdeutschen Deutschen Gewerkschaftsbundes und seiner Einzelgewerkschaften auf die noch existierende DDR.

Der im Februar 1946 gegründete Freie Deutsche Gewerkschaftsbund (FDGB) war der Dachverband der ca. 15 Einzelgewerkschaften in der DDR.

FDJ

Die Gründung der FDJ als »einheitliche antifaschistisch-demokratische« Jugendorganisation für ganz Deutschland erfolgte im Juni 1946 mit dem Anspruch, alle deutschen Jugendlichen im Kampf für ein einheitliches, demokratisches und friedliebendes Deutschland zu vereinen. Von ihrer Gründung an zielte die unter SED-Leitung stehende FDJ mit der ihr angegliederten Pionierorganisation für die Sechs- bis Vierzehnjährigen mit schließlich 2,3 Millionen Mitgliedern auf die Erfassung und Manipulation der Jugend. Dabei setzte sie auf ein umfassendes Freizeitangebot, bis hin zum Sport und zur Kulturarbeit.

DSF und DFD

Die 1949 gegründete DSF, mit zuletzt 6,4 Millionen Mitgliedern die zweitgrößte Organisation in der DDR, sollte die Freundschaft zur Sowjetunion festigen. Der DFD als angeblich überparteiliche Frauenorganisation schrieb sich 1947 die Sicherung des Friedens, die Einheit Deutschlands, die Verbesserung der Lage der Frauen und ihre Gleichberechtigung auf die Fahne. Wie alle Massenorganisationen unterstützte der Bund mit seinen schließlich 1,5 Millionen Mitgliedern die Politik der SED.

Seit dem Ende der DDR führen FDJ, jetzt als fdj, DSF und DFD ein organisatorisches Schattendasein. In der Regel war mit dem Zusammenbruch von SED und DDR auch das Ende der Massenorganisationen besiegelt. Sie lösten sich auf, schlossen sich altbundesdeutschen Organisationen an oder fristeten als sektiererische Kleingruppen eine Randexistenz. Eine Ausnahme stellt bis heute der Sozialverband »Volkssolidarität« dar. Einen Beitrag zur demokratischen Entwicklung im wiedervereinten Deutschland leisten die aus der DDR überkommenen ehemaligen Massenorganisationen nicht.

Außenpolitik und nationale Frage

»Die DDR war eine Marionette Moskaus«

Besatzungsregime und Führungsrolle der Sowjetunion

Entwaffnung und Neutralisierung

Nach ihrem Sieg im Zweiten Weltkrieg betrieb die sowjetische Führung eine konsequente militärische und industrielle Entwaffnung Deutschlands mit dem Ziel, den Kriegsgegner wirtschaftlich zu schwächen und möglichst umfassende Reparationen (auch aus den westlichen Besatzungszonen) zum Wiederaufbau der eigenen Wirtschaft zu gewinnen. Diese Politik konnte die UdSSR in ihrer Besatzungszone ungehindert umsetzen. Wenn schon das eigene System nicht in ganz Deutschland zu installieren war, sollte das Land zumindest neutralisiert werden. Falls das misslingen würde, bestand für Stalin die Alternative darin, die eigene Besatzungszone gegen den Westen in Stellung zu bringen.

Totalisierung

Vorerst gründete die Besatzungsmacht mit dem Befehl Nr. 1 am 9. Juni 1945 in Berlin-Karlshorst die Sowjetische Militäradministration in Deutschland als oberste Regierungsgewalt in der sowjetisch besetzten Zone. Die SMAD war mit ihren bis zu 50000 Mitarbeitern in zahlreichen zentralen Fachverwaltungen, aber auch in Einrichtungen in den Ländern und Provinzen bis 1949 für die Übertragung des stalinistischen Systems auf die Sowjetische Besatzungszone zuständig. Nach zentralistischen Kriterien überzog sie ihre Zone mit einem engen Kontroll- und Überwachungsnetz und organisierte mit der KPD/SED ein totalitäres Staats- und Gesellschaftssystem. Mitte 1946 kam es zur Zusammenfassung der verschiedenen sowjetischen Sicherheitsdienste in der SBZ unter die Leitung des Ministeriums für Staatssicherheit (MGB) in Moskau.

1945: »Verordnungen über die demokratische Bodenreform«
1946: Volksentscheid in Sachsen über die »Enteignung der Betriebe von Nazi- und Kriegsverbrechern«

Sowjetherrschaft

Stalin nutzte alle Möglichkeiten zur Sowjetisierung der eigenen Besatzungszone. Selbst ostdeutschen Kommunisten war es verwehrt, eigene Entscheidungen zu treffen, was sie, geprägt durch ihre politische Sozialisation und durch ihre Exilerfahrungen in der UdSSR, auch nicht beabsichtigten. Sie wurden belehrt und in Abhängigkeit zu ihren sowjetischen Lehrmeistern gehalten. Auf politischer Ebene ließ die Besatzungsmacht schnell Parteien und Verbände zu und baute in ihrer Zone zentrale Verwaltungen auf. Auf ökonomischem Gebiet arbeitete die SMAD erfolgreich an der Überwindung privatwirtschaftlicher Strukturen und Eigentumsverhältnisse in Industrie und Landwirtschaft, bei

Banken und Versicherungen und schlug den Weg zu einer zentralistischen Planwirtschaft ein. Die massenhaften Vergewaltigungen, Plünderungen und Morde an der Zivilbevölkerung beim Einmarsch der Roten Armee und in den Monaten danach belasteten das Verhältnis zwischen der Besatzungsmacht und der deutschen Bevölkerung schwer und hinterließen eine tiefsitzende Abneigung gegen die »Russen«.

Homunculus sovieticus

Letztlich waren alle Grundstrukturen der DDR bereits in der Sowjetischen Besatzungszone geschaffen worden. Das galt für die Herrschaft der Staatspartei, für Staatseigentum und Planwirtschaft, für Meinungsmanipulation und die Herrschaft der Geheimpolizei. Alles stand im Zeichen der Übermacht der Sowjetunion. So kann die am 7. Oktober 1949 gegründete DDR mit gutem Recht als sowjetische Kolonie bezeichnet werden. Auch nach der Souveränitätszuerkennung vom 25. März 1954 und dem Vertrag mit der UdSSR vom 20. September 1955 unterlag die ostdeutsche Diktatur zahlreichen Einschränkungen, denn rechtlich bestanden die sowjetischen Deutschland- und Berlin-Kompetenzen weiter. Das Führungspersonal der SED war sowjetisch geprägt und fühlte sich Moskau zutiefst verpflichtet. Zudem waren sich die ostdeutschen Machthaber ihrer Bevölkerung nie sicher und stützten sich bis zum Ende ihrer Herrschaft auf die Bajonette der Roten Armee. Die DDR hatte gegenüber der Sowjetunion Verpflichtungen als Staat zu erfüllen, war ihr aber auch in Folge des Prinzips des »sozialistischen Internationalismus«

Sozialistischer Internationalismus

verpflichtet. Die Sicht Moskaus formulierte 1968 die so genannte »Breschnew-Doktrin«, die der UdSSR das Interventionsrecht gegenüber den anderen realsozialistischen Staaten einräumte. Ein weiteres Kennzeichen der Situation war, dass sowjetische »Kader« die Leitungsstrukturen der ostdeutschen Diktatur durchdrangen bzw. als »Berater« im Hintergrund agierten. Besonders deutlich wird das bei der Zusammenarbeit der ostdeutschen mit der sowjetischen Geheimpolizei, der es selbstverständlich erschien, von ihren deutschen Genossen informiert und um Rat bzw. Weisung gefragt zu werden.

Der Begriff »Sozialistischer Internationalismus« bekam im Zusammenhang mit der Niederschlagung des »Prager Frühlings« 1968 eine neue Bedeutung. Er sollte jetzt die »besondere Qualität« der Beziehungen zwischen den Staaten des Warschauer Vertrages betonen – bis hin zum »Recht« auf militärisches Eingreifen, wenn die »Errungenschaften des Sozialismus« in einem Lande in Gefahr seien (Breschnew-Doktrin).

Das System ostdeutscher Abhängigkeit vom »großen Bruder« war ein Wesensmerkmal der DDR, die Ausprägung dieser Abhängigkeit konnte jedoch variieren. War die Bindung zu Zeiten Stalins am engsten, gelang es Walter Ulbricht, sich zumindest partiell von Moskau zu emanzipieren. Und während Erich Honecker in seiner Anfangszeit als Generalsekretär der SED die Führungsrolle der UdSSR unterstrich, waren die Kontakte zu Michail Gorbatschow letztlich am lockersten. Dabei spielte eine entscheidende Rolle, dass die ostdeutsche kommunistische Führung den von der sowjetischen Parteiführung vorangetriebenen Kurs von Glasnost und Perestroika nicht mittrug, um das eigene politische System nicht zu destabilisieren. Die späte Abgrenzung von den jetzt reformorientierten Politikern in Moskau konnte der Clique um Honecker jedoch nicht mehr nützen und stärkte nur die kritischen Kräfte in der eigenen Partei.

Erich Honecker

Im Kreml brennt noch Licht

Insgesamt verstanden die ostdeutschen Kommunisten die Dominanz der Sowjetunion nicht als Knebelung, sondern als Ausdruck einer grundsätzlichen Übereinstimmung, die nur selten durch Differenzen getrübt wurde. Diese enge Bindung war auch die Überlebensgarantie der DDR,. Als die Führung im Kreml 1986/87 erkannte, dass die realsozialistischen Staaten sich in Zukunft auf der Basis eigener Ressourcen würden behaupten müssen, veränderte dies die Beziehungen zwischen Ost-Berlin und Moskau. Es war eine wesentliche Voraussetzung für den Sieg der friedlichen Revolution in der DDR, dass Moskau, anders als 1953, seine Panzer und Truppen in den Kasernen ließ.

»Die DDR war willenloser Teil des kommunistischen Bündnissystems«

Sowjetische Besatzungstruppen, Warschauer Pakt und Rat für gegenseitige Wirtschaftshilfe

Sowjetische Truppen in der DDR

Die seit 1945 in der Sowjetischen Besatzungszone bzw. in der DDR stationierten Truppen der ab 1949 so genannten Gruppe Sowjetischer Streitkräfte in Deutschland (GSSD) umfassten Mitte der 1970er Jahre ca. 450000 Mann, die in zehn Panzerdivisionen, zehn motorisierte Schützendivisionen, eine Artilleriedivision und die 24. taktische Frontluftarmee unterteilt waren. Der Kommandostab befand sich in Zossen-Wünsdorf in der Nähe Berlins. In der Mehrzahl Garde-Verbände, waren die sowjetischen Streitkräfte in der DDR Kern der »1. strategischen Staffel«. Diese Speerspitze der Angriffsstreitkräfte Moskaus in Mitteleuropa diente als Drohpotential besonders gegenüber der Bundesrepublik und war als Avantgarde eines möglichen Angriffs auf Westeuropa gedacht. Im Falle eines Krieges sollten die Truppen das östliche Vorfeld der Sowjetunion absichern und eventuelle Aufstände der Ostdeutschen wie am 17. Juni 1953 niederschlagen.

»Waffenbrüder – Klassenbrüder«

Die Truppen waren modern ausgerüstet, hoch trainiert und zur Verbesserung ihrer taktischen und operativen Beweglichkeit vor allem mit Panzern und amphibischen Gerät ausgerüstet. Doch trotz ihres hohen Bereitschaftsstandes war der innere Zustand marode. Die Soldaten lebten abgeschirmt innerhalb der Kasernenbereiche, Unterbringung und Verpflegung waren unzureichend, der Drill oft unmenschlich. Durch die Vergewaltigungen und Plünderungen im Jahr 1945 waren die Kontakte zur ostdeutschen Bevölkerung schwer belastet. Verschärft wurde die Situation durch das Schweigegebot, das in der DDR über diese Verbrechen verhängt war. Im Zuge der Truppenstationierung unterband die sowjetische Führung alle unkontrollierten Beziehungen zwischen ihren Soldaten und den Deutschen. Organisierte und argwöhnisch überwachte »Freundschaftstreffen« änderten daran nichts. Bedingt durch die Lebenssituation in den Kasernen und militärischen Anlagen nahmen Raub, Erpressung, Selbstmord und Desertion zu. Nach dem Ende der DDR und der deutschen Wiedervereinigung 1990 wurde es für die Truppenleitung noch schwerer, die Disziplin aufrechtzuerhalten.

Truppenabzug

Während eines Besuchs von Bundeskanzler Helmut Kohl im Juli 1990 akzeptierte Moskau schließlich die volle Souveränität des vereinten Deutschland und seine uneingeschränkte Mitgliedschaft in der NATO. Damit verbunden war die Einigung über den Abzug der sowjetischen Truppen binnen vier Jahren. Zu diesem Zeitpunkt befanden sich noch etwa 340000 Soldaten und mehr als 200000 Angestellte und zivile Angehörige in Ostdeutschland. In 1580 Liegenschaften mit rund 240000 Hektar Fläche waren mehr als 4000 Panzer, ca. 8000 Panzerfahrzeuge, 600 Flugzeuge, 600 Hubschrauber und um die

680000 Tonnen Munition stationiert. Mit dem Abzug der Soldaten der GSSD, von der Bundesrepublik Deutschland mit rund 14 Milliarden DM unterstützt, endete am 31. Mai 1994 die Nachkriegsära.

Warschauer Pakt – Militärbündnis des Ostens

Gemeinsam mit der Nationalen Volksarmee der DDR (NVA) und den sowjetischen Truppen waren die Streitkräfte Bulgariens, Ungarns, Polens, Rumäniens, der Tschechoslowakei und zeitweise auch die Albaniens in dem im Mai 1955 gegründeten Warschauer Pakt vereint. Formal wurde der Militärpakt durch einen »Politischen Beratenden Ausschuss« geleitet, de facto jedoch immer durch einen ranghohen sowjetischen Offizier, in der Regel einen Marschall der Sowjetunion. Gegründet als defensive Reaktion auf die Konstituierung der NATO (1949) und die Wiederbewaffnung der Bundesrepublik in den 1950er Jahren, war der Pakt für Moskau ein Instrument, seine Vorherrschaft in Mittelosteuropa und gegenüber dem Vorposten DDR zu sichern. So nahm das Zwangsbündnis das Recht für sich in Anspruch, militärisch zu intervenieren, wenn einzelne Länder vom Kurs abweichen sollten, der von der Sowjetunion vorgeschriebenen war. Dem entzogen sich die Staaten Mittelosteuropas im Zuge der friedlichen Revolutionen ab 1989/90, was mit Wirkung vom 1. April 1991 zur Selbstauflösung des Warschauer Paktes führte.

Rat für Gegenseitige Wirtschaftshilfe

Mit dem Ziel der »sozialistischen ökonomischen Integration« hatten sich die realsozialistischen Staaten im Jahr 1949 zum Rat für Gegenseitige

Wirtschaftshilfe (RGW) zusammengeschlossen. 1950 trat die DDR der Vereinigung bei. Das eigentliche Motiv der Gründung des RGW war die Absicht Stalins, eine Beteiligung der kleineren mittelosteuropäischen Staaten am »Marshall-Plan«, dem Wiederaufbauprogramm der USA, zu verhindern und die Wiederaufnahme ihrer alten Wirtschaftsbeziehungen zum Westen zu unterbinden. Stattdessen sollte der Außenhandel mit der Sowjetunion ausgebaut werden, unterstützt durch eine Industrialisierungspolitik, die, verankert in Fünfjahrplänen, zu »internationaler sozialistischer Arbeitsteilung« führen sollte. Die Absicht, wirtschaftliche Vorhaben über eine Zeit von zehn bis 20 Jahren zu koordinieren, konnte nicht verwirklicht werden. Insgesamt trieb der RGW die Ostintegration der DDR voran und ordnete ihre Wirtschaft sowjetischen Bedürfnissen unter.

Der Rat für Gegenseitige Wirtschaftshilfe trat am 25. Januar 1949 in Moskau zusammen. Gründungsmitglieder waren die Sowjetunion, Polen, Rumänien, Bulgarien, Ungarn und die Tschechoslowakei.

Die jährlich stattfindende Ratstagung war das oberste Entscheidungsorgan des RGW, sein Vollzugsorgan nannte sich Exekutivkomitee. Da die Währungen zwischen den Mitgliedsstaaten nicht konvertibel waren und die Planungshoheit bei den einzelnen Ländern lag, kam es fast ausschließlich zu bilateralen und mengenbezogenen Handelsverträgen. 1984 beschlossen die RGW-Staaten, sich verstärkt an der weltweiten Arbeitsteilung zu beteiligen, was dazu führte, dass sie qualitativ hochwertige Güter verstärkt in westliche Industrieländer exportierten. Die DDR und andere realsozialistische Staaten gewannen jetzt begrenzte Handlungsspielräume, konnten jedoch die Dominanz Moskaus und die wirtschaftliche Abhängigkeit von der Sowjetunion nie vollständig abwerfen. Die UdSSR blieb der wichtigste Rohstofflieferant und Absatzmarkt für die europäischen RGW-Mitglieder. Als der RGW beschloss, zum 1. Januar 1991 seine Verrechnungen auf konvertible Währungen zu Weltmarktpreisen umzustellen, war sein Schicksal besiegelt. Die formale Auflösung folgte am 28. Juni 1991 in Budapest.

»Die SED verzichtete aus Systemhörigkeit freiwillig auf die deutschen Ostgebiete«

Die »Oder-Neiße-Friedensgrenze«

Oder-Neiße-Friedensgrenze

Die Festlegung der deutschen Ostgrenze durch die Alliierten wurde maßgeblich von der sowjetischen Forderung beeinflusst, dass Polen die im Frieden von Riga am 18. März 1921 erhaltenen Gebiete zurückgeben müsse. Als Kompensation sollte das Land deutsche Gebiete im Westen, Norden und Süden seiner bisherigen Grenzen erhalten. Gegen den Widerstand der Westalliierten setzte die Rote Armee Stalins Vorstellungen einer Westverschiebung auf militärischem Wege um. Da eine Änderung der Haltung Moskaus nicht zu erwarten war, fand sich der Westen auf der Potsdamer Konferenz mit dem (vorläufigen) Herauslösen der Gebiete östlich der Oder und der Lausitzer Neiße aus dem deutschen Staatsverband ab.

Die SED-Führung akzeptierte den Gebietsverlust als Strafe für den vom »deutschen Imperialismus und Faschismus« angezettelten Zweiten Weltkrieg. Allerdings gab es für sie auch keine Alternative. Neben den eigenen politischen Überzeugungen ließen auch die Unterordnung unter den sowjetischen Führungsanspruch und die Einordnung der DDR in das mittelosteuropäische realsozialistische System keine andere Haltung zu. Eine endgültige Regelung der Grenzen sollte einem Friedensvertrag mit Deutschland vorbehalten bleiben. Während die DDR die Oder-Neiße-Grenze 1950 als »Friedensgrenze« anerkannte und so versuchte, eine Annäherung an das ebenfalls »sozialistische« Polen zu erreichen, ging die Bundesrepublik davon aus, dass das Potsdamer Abkommen für Deutschland rechtlich nicht bindend sein könne. Sie bestand darauf, dass die Bestimmung der deutschen Ostgrenze einer friedensvertraglichen Regelung vorbehalten sein müsse. Auch die 1969 beginnende neue bundesdeutsche Ostpolitik änderte daran nichts.

1990: Anerkennung der Oder-Neiße-Grenze

Die endgültige deutsche Anerkennung der Oder-Neiße-Grenze erfolgte im Zuge der Verhandlungen über die Wiedervereinigung Deutschlands und wurde am 14. November 1990 in Warschau vertraglich besiegelt. Letztlich hatten beide deutschen Staaten unter den herrschenden Bedingungen und angesichts der grauenvollen Verbrechen, die die Deutschen im Zweiten Weltkrieg an der polnischen Bevölkerung verübt hatten, keine andere Wahl als die Grenze zu Polen anzuerkennen. Allerdings war die DDR trotz ihrer frühen Zustimmung zur Grenzziehung für viele Polen das nachrangige Deutschland geblieben. Das polnische Interesse galt der Bundesrepublik, den ostdeutschen Teilstaat verachteten viele als Moskaus treuesten Vasallen.

»Die Deutschen sehnten den Tag der Einheit herbei«

Innerdeutsche Beziehungen und Grundlagenvertrag

Wandel der Deutschland-politik

In ihrer Deutschlandpolitik folgte die SED sowjetischen Machtinteressen, die sie mit eigenen Ambitionen zu verbinden suchte. Das Grundziel der kommunistischen Führung war, die realsozialistische Ordnung auf deutschem Boden zu etablieren, zu stabilisieren und zu erhalten. Von der Befreiung vom Nationalsozialismus bis zum Jahr 1953/55 vertrat sie die Position einer deutschen Nation in einem deutschen Staat. Bis 1969/71 dominierte die These von zwei Staaten einer deutschen Nation, die dann von der bis zum Ende der DDR gültigen Auffassung von zwei Nationen in zwei Staaten abgelöst wurde. Dieser war 1974 auch verfassungsrechtlich entsprochen worden, als die Volkskammer die Verfassung dahingehend änderte, dass »Die Deutsche Demokratische Republik … ein sozialistischer Staat der Arbeiter und Bauern« sei. Damit verabschiedete sich die SED-Führung von der einen deutschen Nation.

Der Westen und die Wiederver-einigung

Die große Mehrheit der Westdeutschen befürwortete stets das im Grundgesetz verankerte Ziel, in freier Selbstbestimmung die Einheit und Freiheit Deutschlands zu vollenden, wobei die höchsten Zustimmungswerte – weit über 80 Prozent – während der Adenauer-Ära ermittelt werden konnten. Doch auch noch in den 1980er Jahren, als die Hoffnung auf eine baldige Wiedervereinigung als völlig unrealistisch galt, sprachen sich zwei Drittel bis drei Viertel der Befragten dafür aus. Bereits in der Frühphase der Bundesrepublik war allerdings festzustellen, dass die Westdeutschen die staatliche Einheit nicht um jeden Preis verwirklicht sehen wollten. Einer großen Mehrheit waren Freiheit und Demokratie wichtiger als die Wiedervereinigung. Ab Mitte der 1970er Jahre lehnte ein nicht unerheblicher Prozentsatz der Bevölkerung eine Vereinigung der beiden deutschen Staaten grundsätzlich ab, eine Haltung, die sich in den Folgejahren noch weiter verbreiten sollte. Daran konnte auch nichts ändern, dass sich der von den Ostdeutschen gefeierte Bundeskanzler Willy Brandt und Ministerpräsident Willi Stoph 1970 in Erfurt trafen.

Der Grundlagenvertrag zwischen beiden deutschen Staaten

Das Ergebnis der »Neuen Ostpolitik« der Bundesregierung, der Grundlagenvertrag zwischen Bundesrepublik und DDR vom 21. Dezember 1972, bildete das rechtliche Fundament der Beziehungen zwischen den beiden deutschen Staaten. Divergierende Interessen sollten auf der Basis der Gleichberechtigung ausgeglichen werden. Damit wurden einige der rechtlichen Probleme beseitigt. Da jedoch nicht alle Differenzen ausgeräumt werden konnten, sollten Regelungen besonders bei praktischen und humanitären Fragen einvernehmlich erfolgen. Beide deutsche Teilstaaten erklärten gegenseitigen Gewaltverzicht, bestätigten die Unverletzlichkeit der zwischen ihnen bestehenden Grenzen und bekannten sich zur uneingeschränkten Achtung der territorialen Integrität. Praktische und humanitäre Fragen waren gemeinsam zu lösen. So stabilisierte der Grundlagenvertrag zwar die DDR, er enthielt gleichzeitig jedoch auch Elemente der Destabilisierung, da das SED-System nur als Diktatur und in strikter Abgrenzung zur Bundesrepublik überlebensfähig war.

Ständige Vertretungen

Im Zuge des Abkommens errichteten Bundesrepublik und DDR Ständige Vertretungen in Ost-Berlin bzw. in Bonn. Damit war kein Botschafteraustausch verbunden, da die Bundesrepublik die DDR zwar de facto, aber nicht völkerrechtlich anerkannte. Weiter war festgelegt worden, dass keiner der beiden deutschen Staaten den anderen international vertreten oder in seinem Namen handeln dürfe. Die Bundesrepublik verzichtete auf den Alleinvertretungsanspruch der »Hallstein-Doktrin«, jedoch nicht auf die im Grundgesetz festgeschriebene Wiedervereinigung der beiden Teile Deutschlands. Auch die Frage der Staatsangehörigkeit blieb ungeklärt.

Die Hallstein-Doktrin, nach Adenauers Moskaureise 1955 formuliert, sollte den Alleinvertretungsanspruch der Bundesrepublik festigen. Die Aufnahme oder Unterhaltung diplomatischer Beziehungen zur DDR durch dritte Staaten wurde von der Bundesrepublik Deutschland als unfreundlicher Akt betrachtet und mit Sanktionen geahndet.

Im Zuge des Grundlagenvertrags wurde noch eine ganze Reihe von Abkommen im Kulturaustausch, im Post- und Fernmeldewesen, im Reiseverkehr und bei der Beschaffung von Urkunden abgeschlossen. Eine Folge dieser Entwicklung war, dass der SED-Generalsekretär Erich Honecker im September 1987 die Bundesrepublik besuchte, ein Ereignis, das er selbst als einen triumphalen Höhepunkt seines Weges als Staatsmann begriff. Er übersah jedoch, dass der für die DDR tödliche Weg der Destabilisierung durch die Entspannung der Beziehungen zwischen der Bundesrepublik und der DDR unumkehrbar geworden war. Beide deutsche Staaten blieben aufeinander bezogen, der Blick der Ostdeutschen war jedoch viel intensiver auf den Westen gerichtet als der der Westdeutschen auf die DDR.

Plan und Pleite – Wirtschaft in der DDR

»Die DDR konnte wegen der Ausplünderung durch die Sowjets nicht auf die Beine kommen«

Reparationen und Enteignungen

Hypothek des Kriegs

Das Ende des Zweiten Weltkriegs belastete die Deutschen schwer: ungeheure Flüchtlingsströme, die aus den Ostgebieten Richtung Westen zogen, die Zerstörung von Wohnraum in den Großstädten, die Zerschlagung von Infrastruktur und Verkehrswesen – all dies waren Probleme, die durch Beuteentnahmen noch verschärft wurden. Zwar hatte die Industrie durch Auslagerungen und Dezentralisierung nur Verluste von etwa 15 Prozent ihres Potentials zu verkraften, das Versorgungssystem war dennoch zusammengebrochen. Es herrschte Hunger, eine Gesundheitsfürsorge existierte kaum noch, und die Sterblichkeitsrate hatte sich im Vergleich zur Vorkriegszeit verdoppelt.

Demontagen und Reparationen

Auf der Konferenz von Jalta im Februar 1945 einigten sich die USA, Großbritannien und die Sowjetunion auf Demontagen und die Beschlagnahme von Auslandsguthaben, Lieferungen aus der laufenden Produktion und auf die Verwendung deutscher Arbeitskräfte als Reparationsleistungen. Die Höhe dieser Leistungen blieb unbestimmt. Jede Macht hatte ihre Ansprüche aus ihrer Besatzungszone zu befriedigen. Die Sowjetunion sollte zudem 25 Prozent der Demontagen aus den Westzonen erhalten.

Die UdSSR beschlagnahmte in ihrer Zone im großen Umfang Lebensmittel sowie Sach- und Kunstgüter, die als Kriegsbeute keine Anrechnung auf die Reparationskosten fanden. Diese Beuteaktionen gingen in Demontageaktionen über, bei denen 1945/46 der größte Teil der Industrieanlagen abgebaut wurde. Dazu gehörten die modernsten mitteldeutschen Werke. Die »Sowjetischen Aktiengesellschaften« (SAG) entwickelten sich zu wichtigen Lieferanten von Reparationsgütern. Ein Nebeneffekt war, dass durch die Reparationsforderungen Industriestrukturen wie der Uranbergbau entstanden, die so im mitteldeutschen Raum vorher nicht existiert hatten.

Ein Teil der seit Oktober 1945 enteigneten Betriebe der SBZ verblieb unter der Kontrolle der SMAD. Durch den Befehl Nr. 167 vom Juni 1946 gingen diese Betriebe als »Sowjetische Aktiengesellschaften« in den Besitz der UdSSR über.

Belastungen und Reparationszahlungen

Zu den Besatzungskosten zählten der Unterhalt der sowjetischen Truppen und Einrichtungen sowie die Bezahlung von Lieferungen und Leistungen an die Besatzungsverbände. Weitere Belastungen ergaben sich aus der Kontrolle und Abwicklung des deutschen Außenhandels und aus der Unterbewertung deutscher Exporte. Darüber hinaus kam es zu »intellektuellen Reparationen«, worunter man den Transfer von industriellem Know-how, von Patenten und Warenzeichen sowie die Mitnahme von Spezialisten verstand. Insgesamt lagen die von der SBZ und später von der DDR geleisteten Reparationszahlungen mit rund 14 Milliarden Dollar deutlich über den zehn Milliarden Dollar, die Moskau ursprünglich von ganz Deutschland gefordert hatte. Damit erbrachte Ostdeutschland die größte Reparationsleistung des 20. Jahrhunderts. Die weitere Entwicklung des ostdeutschen Staates wurde davon nachhaltig beeinträchtigt.

September 1945: Bodenreform in der Provinz Sachsen

Grundlage für die »sozialistischen Produktionsverhältnisse« war die Beseitigung des Privateigentums an »Produktionsmitteln« durch Enteignungen von Industriebetrieben, Banken, Handelsunternehmen und Landwirtschaftsbetrieben. Die Umgestaltung der Landwirtschaft begann mit der als Bodenreform bezeichneten Beseitigung des größeren land- und forstwirtschaftlichen Besitzes im September 1945 in der Provinz Sachsen. Unter der Losung »Junkerland in Bauernhand« wurde Grundbesitz von mehr als 100 Hektar enteignet – mit allen Bauten, lebendem und totem Inventar, landwirtschaftlichem Vermögen und Menschen, die als Nationalsozialisten oder Kriegsverbrecher galten. Ziel der Reform war, das Ackerland von bereits bestehenden Bauernhöfen unter fünf Hektar zu vergrößern und neue Wirtschaften für landlose Bauern, Landarbeiter und Pächter zu schaffen. Diesem Vorbild folgten auch die übrigen Landesverwaltungen in der SBZ.

Enteignungen 30.6.1946: Volksentscheid in Sachsen

Ein Teil des enteigneten Landes ging in das Eigentum des Staates über, den Rest erhielten ca. 560000 Neusiedler und Vertriebene. Manche der enteigneten Grundbesitzerfamilien wurden aus ihrer Heimat verjagt, es kam zu Verhaftungen und Verschleppungen. Kurzfristig wirkte die Bodenreform ökonomisch positiv, indem sie heimatlos gewordenen Bauern wieder eine Lebensgrundlage bot. Mittel- und langfristig erwiesen sich die neuen Höfe jedoch als zu klein und nicht überlebensfähig. Damit die Landwirte bestimmte Aufgaben gemeinsam lösen konnten, gründete die SED 1946 die »Vereinigung der gegenseitigen Bauernhilfe« (VdgB) und leitete 1947 mit der Schaffung von Maschinenausleihstationen eine Mechanisierung der Landwirtschaft ein. Dem preußischen Junkertum war damit die ökonomische Macht genommen und eine Voraussetzung zur Errichtung totaler Herrschaft geschaffen worden.

Durch einen Befehl der Sowjetischen Militäradministration folgte der Enteignung der Landbesitzer die von Banken und Versicherungen. Das Eigentum des Staates wurde ebenso beschlagnahmt wie das führender Nationalsozialisten. Auch deutsche Militärbehörden und verbotene Vereinigungen wurden enteignet, dazu Staaten, die mit dem »Dritten Reich« verbündet gewesen waren. Andere Unternehmen wurden von der Besatzungsmacht entweder als Reparationsleistungen – »Sowjetische Aktiengesellschaften« – beansprucht oder an deutsche Behörden übergeben. Der von der SED geführte Block der »antifaschistisch-demokratischen« Parteien und der Freie Deutsche Gewerkschaftsbund beantragten daraufhin am 25. Mai 1946 bei der Landesverwaltung Sachsen einen Volksentscheid über die Enteignung von Nationalsozialisten und von Kriegsverbrechern. 77,62 Prozent stimmten mit »Ja«, worauf die Landes- und Provinzialverwaltungen in der SBZ entsprechende Gesetze erließen. Der so genannte volkseigene Sektor umfasste schließlich die gesamte Grundstoff- und entscheidende Bereiche der verarbeitenden Industrie. 1948 lag sein Anteil an der industriellen Bruttoproduktion bei fast 40 Prozent.

Zwangsaussiedlungen aus den Grenzgebieten der DDR und die so genannte Republikflucht boten Gelegenheit zu weiteren Enteignungen. 1972 überführte die SED die Produktionsgenossenschaften des Handwerks (PGH), die noch bestehenden Privatbetriebe und Betriebe mit staatlicher Beteiligung in Staatseigentum. Die Volkseigenen Betriebe (VEB) fasste die SED als größere Einheiten in Kombinaten zusammen, der Ausbau der Grundstoff- und Maschinenbauindustrie wurde intensiviert, und der Konsumgütersektor rückte in seiner wirtschaftlichen Bedeutung auf Platz zwei. Durch die Beseitigung des Privateigentums vernichtete die SED wichtige wirtschaftliche Antriebskräfte, deren Fehlen bis zum Untergang der DDR nicht zu kompensieren war.

»Die SED verwirklichte Ziele der Arbeiterbewegung«

Planwirtschaft, Kollektivierung und die »Einheit von Sozial- und Wirtschaftspolitik«

Einführung der Planwirtschaft

Der Wirtschaftsprozess in der DDR wurde von den staatlichen Behörden und der SED nach zentral-administrativen Vorgaben geplant. Im Herbst 1947 begann die Einführung der Planwirtschaft. Nach der Ablehnung der Marshall-Plan-Hilfe musste die Sowjetische Besatzungszone aus eigener Kraft die Wirtschaft in Gang bringen, die Bevölkerung versorgen und die Reparationszahlungen ermöglichen. Mit einem Zweijahresplan kam erstmals im Jahr 1948 sowohl den jährlichen Volkswirtschaftsplänen als auch der langfristigen Planung zentrale Bedeutung zu. Dazu traten die Aktivistenbewegung und die Gestaltung des Arbeitsalltags nach sowjetischem Vorbild.

Zu diesem Zeitpunkt entsprach die volkswirtschaftliche Situation der SBZ durchaus der der westlichen Zonen. Durch Verlagerungen während des Zweiten Weltkriegs und Neugründungen von Betrieben waren einzelne Bereiche der Wirtschaft sogar moderner als im Westen. Am Ende der kommunistischen Herrschaft betrug die Wirtschaftsleistung der DDR pro Kopf jedoch nur noch ein Drittel der der Bundesrepublik. Trotz zentraler Planung war die Versorgung der Wirtschaft und der Bevölkerung schlecht, die

Arbeitsproduktivität gering, das Verkehrssystem marode und die Umweltverschmutzung extrem hoch. Vorausgegangen waren diesem Missstand Jahrzehnte kommunistischer Wirtschaftspolitik und Verstaatlichung der Wirtschaft.

Volkseigene Betriebe

Bereits unmittelbar nach der Befreiung vom Nationalsozialismus hatten die ostdeutschen Kommunisten bzw. die SED Volkseigene Betriebe aus enteigneten und verstaatlichten Betrieben geschaffen. In der direkten Nachkriegszeit nutzte man hierzu u. a. den Weg der Überführung deutscher Industrieunternehmen in Sowjetische Aktiengesellschaften. 1952 erhielten die VEB den Status selbständiger wirtschaftlicher Einheiten, allerdings ohne dass sich an ihrem Charakter als Staatseigentum etwas geändert hätte. Im Inneren waren sie nach dem Prinzip der Einzelleitung und persönlichen Haftung organisiert, was zu einer breiten Absicherung aller Leitungsentscheidungen führte. In letzter Instanz bestimmte jedoch die SED. Seit Anfang der 1960er Jahre sank die Zahl der Volkseigenen Betriebe, während die Zahl ihrer Beschäftigten anstieg. Ende der 1970er Jahre folgte die Zusammenfassung der meisten Betriebe in große Kombinate.

1952–1961: Kollektivierung der Landwirtschaft

Mit dem von der SED beschlossenen »Aufbau des Sozialismus« begann 1952 die Kollektivierung der Landwirtschaft, die zur Beseitigung des privaten Bauerntums und zur Massenflucht von Landwirten führte. 1960/61 fand sie in einer Kampagne ihren Abschluss. Die Größe der Landwirtschaftlichen Produktionsgenossenschaften

Beschluss der 2. Parteikonferenz der SED, 9.–12. Juli 1952

»6. Die politischen und ökonomischen Bedingungen sowie das Bewusstsein der Arbeiterklasse und der Mehrheit der Werktätigen sind so weit entwickelt, dass der Aufbau des Sozialismus zur grundlegenden Aufgabe in der Deutschen Demokratischen Republik geworden ist …

7. Das Hauptinstrument bei der Schaffung der Grundlagen des Sozialismus ist die Staatsmacht … Es ist zu beachten, daß die Verschärfung des Klassenkampfes unvermeidlich ist und die Werktätigen den Widerstand der feindlichen Kräfte brechen müssen.«

(LPG) und der Grad der Vergesellschaftung ihrer Produktionsmittel stiegen in den folgenden Jahren an, und in den 1960er Jahren wuchsen die Erträge in der Landwirtschaft. Bis 1970 lag der Schwerpunkt der Landwirtschaftspolitik auf der Bildung von Kooperationen, ab 1968 verfolgte die SED-Agrarpolitik das Ziel einer industriemäßigen Produktion. Nach 1972 folgte die strikte Trennung der Bereiche Pflanzen- und Tierproduktion. Das Missverhältnis zwischen Aufwand und Ertrag vergrößerte sich, wogegen man in den 1980er Jahren mit der engeren Verbindung von Pflanzen- und Tiererzeugung anzugehen versuchte. Grundsätzlich scheiterte die Übertragung industrieller Herstellungsmethoden auf die Landwirtschaft jedoch. Ende der 1980er Jahre befand sich auch die landwirtschaftliche Produktion der DDR in einer Sackgasse.

Das Pro-Kopf-Vermögen war 1945 in den beiden späteren deutschen Staaten etwa gleich gewesen, die Wirtschaft in der SBZ kam aber schneller in Gang als die im Westen. Diesen Anfangserfolg machten die rücksichtslos eingeforderten Reparationen jedoch schnell wieder zunichte. Das Resultat war ein wirtschaftlicher Verfall, den die Staatspartei nur zeitweilig aufhalten konnte. Dabei nahm sie den rigorosen Verbrauch aller Ressourcen und die Zerstörung des ostdeutschen Humankapitals in Kauf. Schwierigkeiten mit veralteter Technik, ineffektiven Technologien, fehlenden Materialien und zu geringen Investitionen konnten bis zum Ende nicht überwunden werden. Damit trugen die zuerst aus den Enteignungen und dann aus der Planwirtschaft resultierenden wirtschaftlichen Schwierigkeiten der zweiten deutschen Diktatur zum Scheitern des Systems bei. Zwar war die »Macht des Kapitals« gebrochen worden, doch ein überlebensfähiges Wirtschaftssystem war daraus nicht hervorgegangen.

Hauptschwierigkeiten beim Aufbau des Sozialismus

Anfang der 1960er Jahre sank das Bruttoinlandsprodukt der DDR. Eine ernste wirtschaftliche Krise wurde offenbar, die nur durch intensives Wachstum gemeistert werden konnte. Dieses wurde ab Juni 1963 durch die Wirtschaftsreform »Neues Ökonomisches System der Planung und Leitung der Volkswirtschaft« (NÖSPL) und ab 1968 durch das »Ökonomische System des Sozialismus« (ÖSS) gefördert. Zwar stellten diese Programme die zentrale Wirtschaftsplanung nicht grundsätzlich in Frage, sie schnitten deren Auswüchse aber dadurch zurück, dass nur noch

Neues Ökonomisches System

eine Auswahl qualitativer und quantitativer Planungsziele an die Volkseigenen Betriebe weitergegeben wurde. Ein »sozialistischer Markt« sollte geschaffen werden.

Ökonomische Hebel

Das Hauptziel der SED war, den Anforderungen der »Wissenschaftlich-technischen Revolution« zu genügen und die Effizienz der Wirtschaft zu erhöhen, ohne dabei ihre zentrale Planung und Leitung aufzugeben. Die VEB und ihre Vereinigungen sollten jetzt die Planung der Produktion, der Investitionen, den Absatz und die Beschaffung von Produkten bzw. von Rohmaterialien selbst übernehmen. Zur Stimulierung der Produktion und des Engagements sowie zur Überwindung der niedrigen Arbeitsproduktivität waren »ökonomische Hebel« einzusetzen, worunter man u.a. die wirtschaftliche Rechnungsführung (Preise, Steuer- und Abschreibungssätze sowie Normative für die Gewinnverwendung) verstand. Das persönliche Engagement der Arbeiter sollte durch Leistungsprämien und -löhne sowie Lohnzuschläge gefördert werden. Als Konzernspitzen erfüllten 82 »Vereinigungen Volkseigener Betriebe« (VVB) eine wichtige Funktion. Die Selbständigkeit der Betriebe in der Material- und Kreditbeschaffung, im Handel und bei der Preisgestaltung sowie beim Absatz sollte erhöht, Wissenschaft und Technik gefördert und schneller in die Praxis überführt werden. Den Menschen wollte die SED vermitteln, dass sie in einer »nichtantagonistischen Gesellschaft« leben. Den »Sozialismus« erklärte die Staatspartei zur »relativ selbständigen« Gesellschaftsformation.

Trotz der erheblichen Steigerung der Gesamtproduktion und des Lebensstandards zwischen 1961 und 1970 war die von 1964 bis 1967 durchgeführte und auf ein realistisches Verhältnis zwischen Rohstoffen, Halbfabrikaten und Endprodukten zielende Industriepreisreform letztlich nicht geeignet, die Güterknappheit zu beseitigen und die Betriebe zu zwingen, volkswirtschaftlich notwendige Veränderungen zu realisieren. Tatsächlich konnte weder die Effizienz der Wirtschaft erhöht noch die Disproportionen in der Produktionsstruktur korrigiert werden. Die Abschaffung offener und heimlicher Subventionen hätte nicht zuletzt die Lebenshaltungskosten in die Höhe schnellen lassen. Die Differenz zwischen dem Lebensstandard in der Bundesrepublik und in der DDR konnte so nicht verringert werden. 1965 beging der im Politbüro der SED für Wirtschaftsfragen verantwortliche Erich Apel Selbstmord. Vermutlich befürchtete er, dass das neu abgeschlossene langfristige Handelsabkommen zwischen der DDR und der UdSSR das von ihm geförderte ökonomische System bedrohen könnte.

»Überholen ohne einzuholen«

Nun setzte Parteichef Walter Ulbricht auf die Losung »Überholen ohne einzuholen«, d. h. auf die Überlegenheit des Realsozialismus gegenüber dem westlichen System. Da jedoch die Planziele der Jahre 1969 und 1970 nicht erfüllt werden konnten, die Arbeitsproduktivität unter dem Soll blieb, Mangelerscheinungen in der Versorgung auftraten und auch der verschwenderische Umgang mit Ressourcen andauerte, beendete die

SED-Führung im September 1970 abrupt die Reform und kehrte zur straffen und zentraladministrativen Lenkung und Planung der Volkswirtschaft zurück. Das Modell einer Mischform zwischen Markt- und Planwirtschaft wäre wohl nur bei Aufgabe der zentralen Planung und der übermäßigen Subventionszahlung möglich gewesen. Dem stand die Verstaatlichung der Wirtschaft entgegen.

»Einheit von Sozial- und Wirtschaftspolitik«

Nach dem Machtantritt Erich Honeckers stand auf dem Plan, durch sozialpolitische Verbesserungen eine Stabilität des Herrschaftssystems zu erreichen und die Wirtschaft durch Rationalisierung, Rekonstruktion und Intensivierung leistungsfähiger zu gestalten. Die auf dem VIII. Parteitag der SED 1971 als Hauptaufgabe proklamierte »Einheit von Sozial- und Wirtschaftspolitik« sollte das materielle und kulturelle Lebensniveau der Bevölkerung heben. Die Grundlage dafür bilden sollte ein hohes Entwicklungstempo der Industrie, die Vergrößerung ihrer Effektivität, des wissenschaftlich-technischen Fortschritts und eine höhere Arbeitsproduktivität. Die Wirtschaft sollte nicht als Selbstzweck betrachtet werden, sie war als entscheidende Voraussetzung für den sozialen Fortschritt und damit auch für die Sozialpolitik zu begreifen. Deshalb wollte die SED-Führung auch Verantwortungslosigkeit in den Betrieben, Schlendrian, Faulheit, Diebstahl und Schiebereien konsequent bekämpfen. Die Kommunisten planten, die Ostdeutschen bereits in der Gegenwart so

»Vorwärts immer, rückwärts nimmer.«
Erich Honecker

leben zu lassen, wie es für die Zeit des »vollendeten Sozialismus« geplant war, und damit das System zu stabilisieren. Sozialpolitik und Arbeitsproduktivität waren in ein konstruktives Verhältnis zu bringen: Zuerst kam eine »Belohnung« durch sozialpolitische Maßnahmen wie den forcierten Wohnungsbau, um danach eine Leistungssteigerung zu erreichen. Letztlich blieb jedoch nur die von der SED geplante Förderung der Systembindung bestehen, die an der konkreten wirtschaftlichen Situation, der Verschuldung und der schlechten Umweltsituation scheiterte.

»Die D-Mark spaltete die DDR-Gesellschaft«

Intershop und Genex-Geschenkdienst

Die innerdeutschen Wirtschaftsbeziehungen konzentrierten sich auf den Handel mit Waren und Dienstleistungen. Andere Formen wirtschaftlicher Zusammenarbeit, etwa die Kooperation in der Produktion, spielten keine Rolle. Besonders in den Jahren nach dem Viermächteabkommen über Berlin von 1971, dem Transitabkommen und dem Grundlagenvertrag entwickelten sich nichtkommerzielle öffentliche und private Finanzbeziehungen, die die Devisenbilanz der ostdeutschen Diktatur verbesserten – besonders durch die Transitpauschale, den Häftlingsfreikauf und den Mindestumtausch. Zudem wurde vielen Ostdeutschen der Zugang zur D-Mark ermöglicht. Der Devisenbeschaffung diente auch das Außenhandelsunternehmen »Bereich Kommerzielle Koordinierung« unter dem MfS-Offizier »im besonderen Einsatz« Alexander Schalck-Golodkowski, das Kunstwerke und Antiquitäten in den Westen verschob und mit Waffen handelte. Andere Devisenquellen der DDR waren der Müllimport aus West-Berlin und der Bundesrepublik, der Verkauf von Blutprodukten und ähnlich undurchschaubare Geschäfte.

»Besser eine Tante im Westen als einen Onkel im Politbüro.«

Intershop Der Devisenbeschaffung diente auch die Ladenkette »Intershop«, die eigens dafür gegründet worden war, Besuchern aus dem westlichen Ausland und ausländischen Seeleuten in den Hafenstädten die Möglichkeit zu eröffnen, in der Währung ihres Landes westliche Produkte zu erwerben. Zunehmend kauften hier auch Westdeutsche für Verwandte und Freunde im Osten ein und überließen Ostdeutschen zu diesem Zweck D-Mark. Auch im Ausland arbeitende DDR-Bürger zählten zu den Kunden. Zuerst in Ausländerhotels, Flughäfen und Häfen verborgen, expandierten die Geschäfte für Besitzer harter Währung zusehends. Die »Intershops« entwickelten sich zu einer Bezugsquelle westlicher Waren, Luxusartikel und Mangelwaren.

Genex-Geschenkdienst

Ein anderer Weg zur Devisenbeschaffung war die »Genex-Geschenkdienst und Kleinexport GmbH«, über die Ostdeutsche mit Valuta-Einkommen bzw. über Westverwandte gegen konvertible Währungen Waren erhalten und in den Osten schicken lassen konnten, die dort schwer oder gar nicht zu erhalten waren. Bereits Anfang 1974 gestattete die SED-Führung den Bewohnern der DDR auch offiziell den Besitz ausländischer Währungen, 1979 musste das »Westgeld« allerdings vor dem Einkauf in Schecks einer »Forum-Außenhandels GmbH« umgetauscht werden.

Sowohl »Intershops« als auch der »Genex-Geschenkdienst« trieben eine Einteilung der Ostdeutschen in solche voran, die Westgeld besaßen, und solche, die keines hatten. Dazu kam die Geschäftskette »Versina«, in deren Läden u.a. ausländische Diplomaten und die höchsten Nomenklaturkader einkaufen konnten. Dies förderte die

Tauschmentalität von begehrten (Handwerker-) Leistungen und Mangelwaren gegen D-Mark und erregte Neid und Unwillen bei denjenigen, die nicht über Devisen verfügten oder als Nomenklaturkader und Angehörige bewaffneter Verbände keine »Westkontakte« pflegen durften. Die Spezialgeschäfte brachten zwar der DDR die begehrten Devisen, sie unterminierten jedoch die Gleichheitsideologie der herrschenden Kommunisten und trugen durch die Spaltung der Gesellschaft in Menschen mit und ohne DM zum Ende der zweiten deutschen Diktatur bei.

Alltag und Gesellschaft in der DDR

»Das Leben in der DDR prägten Solidarität und Miteinander«

Medizin, Sozialpolitik und Leistungssport

Ein wesentliches Kennzeichen des DDR-Alltags war der Mangel. Dabei verdienten nicht wenige so viel Geld, dass sie gar nicht wussten, wie sie es in der Mangelgesellschaft sinnvoll ausgeben sollten. Das förderte allen nur denkbaren Formen von Schleichhandel, Kompensationsgeschäften, Bestechungen, aber auch der Improvisation beim Herstellen von Gebrauchsgütern. Viele Ostdeutsche empfanden es als besonders bedrückend, dass es fast unmöglich war, einen eigenen Telefonanschluss zu erhalten und dass sie auf den Kauf eines eigenen Autos oft mehr als ein Dutzend Jahre warten mussten.

»Und wenn auch Apfelsinen fehlen, so gibt es doch Zitronen.«

Die SED ging davon aus, dass es in ihrem Machtbereich keine soziale Frage geben könne; der Realsozialismus selbst sollte eine Sozialpolitik im umfassenden Sinn sein. Obwohl also theoretisch keine besondere Sozialpolitik nötig war, wurde sie

»Sozialistisch arbeiten, lernen und leben«

von der SED in einem materiellen Sinn praktiziert. Schon die Verfassung von 1949 garantierte soziale Grundrechte wie den Anspruch auf Arbeit oder Urlaub. Später versuchte die SED im Rahmen des »Neuen ökonomischen Systems« der Sozialpolitik mehr Aufmerksamkeit zuzuwenden. Allerdings stellte erst Erich Honecker ab 1971 die Erhöhung des materiellen und kulturellen Lebensstandards in den Mittelpunkt und machte damit die Sozialpolitik zum Bestandteil gesamtstaatlicher Wachstumspolitik. Die besondere Aufmerksamkeit der SED galt nun der Wohnungs- und Bevölkerungspolitik; die Vereinbarkeit von Mutterschaft und Erwerbsarbeit war umzusetzen. Schließlich rückte die Sozialpolitik ins Zentrum der Aufmerksamkeit der Staatspartei und war eine ihrer entscheidenden Legitimationsstrategien.

»Jeder Arbeitende hat ein Recht auf Erholung, auf jährlichen Urlaub gegen Entgelt, auf Versorgung bei Krankheit und im Alter.«

DDR-Verfassung von 1949, Art. 16.

Die allgemeine Sozialfürsorge hatte dagegen an Bedeutung verloren. Die Lohnpolitik schwankte zwischen möglichst großer Angleichung der Lohnhöhe und dem Streben nach Leistungsstimulierung; die Löhne sollten unabhängig von Alter und Geschlecht gezahlt werden. Oft waren die Renten erschreckend niedrig und das Gesundheitswesen materiell-technisch schlecht ausgestattet. In der Wohnungspolitik dominierte der permanente Wandel; die stark subventionierten Mieten blieben, wie auch die Preise für Lebensmittel, niedrig, und der Mieterschutz war stark ausgebaut. Da keine Mittel zu ihrer Instandhaltung vorhanden waren, verfielen zahlreiche Häuser.

Basissicherung

Grundsätzlich setzte die SED auf eine ausreichende Basissicherung der Ostdeutschen bei geringem Leistungsniveau. Die Sozialpolitik sollte der wirtschaftlichen Leistungsfähigkeit dienen. Die Dominanz der Staatspartei in allen sozialpolitischen Entscheidungen war dabei stets gesichert. Bürgerschaftliches Engagement war nicht erwünscht und wurde behindert, die Sozialpolitik war auf das Erreichen politischer Ziele ausgerichtet. Soziale Sicherheit auf niedrigem Niveau im Sinne einer obrigkeitsstaatlichen Fürsorge sollte von der Bevölkerung durch Verzicht auf Kritik honoriert werden.

Fürsorge für das Volk – das Gesundheitswesen

Die Abteilung Gesundheitswesen im ZK der SED, die formal dem Ministerium für Gesundheitswesen unterstand, kontrollierte das medizinische System der DDR. Das Militär besaß eigene medizinische Dienste, ebenso die Geheimpolizei, das Verkehrswesen, die Wismut AG, das Ministerium des Innern und der Sport. Leitende Angehörige des Staats- und Parteiapparats erfuhren eine privilegierte medizinische Betreuung.

Ein Kennzeichen des ostdeutschen Gesundheitssystems war, dass ärztliche Behandlungsplätze in Polikliniken konzentriert, Hausarztpraxen dagegen zurückgedrängt wurden. Mitarbeiter des medizinischen Bereichs erhielten durchschnittlich weniger Lohn als Beschäftigte in anderen Berufen, sie mussten oft schwerste körperliche Arbeit leisten und litten unter dem schlechten Zustand der technischen Ausrüstungen. Konfessionelle Krankenhäuser waren wegen ihrer guten Betreuung und westlichen Medizintechnik hoch angesehen. In staatlichen Krankenhäusern sank dagegen das Niveau der technischen Ausstattung, Rentabilitätsüberlegungen spielten eine untergeordnete Rolle. Da die Gesundheitspolitik der DDR die Rückgewinnung der Arbeitskraft in den Mittelpunkt ihrer Bemühungen stellte, wurden Bereiche wie die Psychiatrie und die Behindertenmedizin vernachlässigt. Insgesamt stiegen die Ausgaben für das Gesundheitswesen in der DDR von sechs Milliarden 1950 auf 54,1 Milliarden Mark im Jahr 1989 – rund 20 Prozent des Staatshaushaltes. Dass damit die Grenze des Finanzierbaren erreicht war, zeichnete sich schon im Vorfeld des Niedergangs ab.

Sportwunder DDR

Körperkultur und Sport erfuhren durch die SED hohe soziale und politische Anerkennung. Die erfolgsorientierte Sportpolitik der Staatspartei vereinte ihre Institutionen in einem zentralistischen System mit denen des Staates. Außenpolitische Ziele – Stichwort »Friedenskampf« – wurden verfolgt, man versuchte, höhere Leistungen im Bildungswesen, in den Massenorganisationen und in den bewaffneten Kräften zu stimulieren. Mit Hilfe der Erfolge des »Sportwunders DDR« sollte auch die Überlegenheit des »Sozialismus« gegenüber dem Westen demonstriert werden. Um dies zu erreichen, konzentrierte sich die Förderung in erster Linie auf den Hochleistungssport und einzelne Großereignisse wie die »Internationale Friedensfahrt« und die Olympischen Spiele, die zur weltweiten Anerkennung der DDR beitragen sollten.

»Botschafter im Trainingsanzug«

Von 1956 bis 1964 starteten Sportler aus beiden deutschen Staaten noch in einer gemeinsamen Olympiamannschaft, wobei sich der Anteil ostdeutscher Athleten besonders bei den Sommerspielen erheblich erhöhte. Die DDR trat erstmals 1972 in Sapporo und dann in München mit einer eigenständigen Mannschaft an. Bis 1988 gewannen die ostdeutschen »Botschafter im Trainingsanzug« 572 olympische Medaillen, darunter 204 mal Gold. Bei den Olympischen Spielen und bei Europa- und Weltmeisterschaften konzentrierte sich die Sportführung auf Sportarten wie Leichtathletik, Schwimmen, Turnen, Ringen, Kanu, Rudern, Eisschnelllauf und Skilanglauf. Hier konnten mit relativ geringem Aufwand möglichst viele Medaillen errungen werden. Trotz aller Erfolge in diesen Disziplinen gelang es nicht, den DDR-Fußball in die internationale Spitzenklasse zu bringen. Daher hatte es besondere symbolische Bedeutung, dass die DDR-Fußballmannschaft die der Bundesrepublik bei der Weltmeisterschaft 1974 in Hamburg 1:0 bezwang.

Deutscher Turn- und Sportbund

Die grundsätzlichen Entscheidungen im DDR-Sport trafen das Politbüro und die Abteilung Sport beim Zentralkomitee der SED. In das Fördersystem einbezogen war der Deutsche Turn- und Sportbund der DDR (DTSB). Er hatte 3,7 Millionen Mitglieder und vereinte 33 Fachverbände unter seinem Dach. Außerdem gehörten die Sportverbände von Armee, Polizei und Geheimpolizei und ca. 17000 Trainingszentren, 33 Kinder- und Jugendsportschulen und 29 Sportclubs dazu. Trotz der zunehmenden Vernachlässigung des Breitensports, der vor allem Schulen und Betrieben zugeordnet war, wurden auch hier bemerkenswerte Leistungen erzielt. Die Steigerung der Leistungsfähigkeit der ostdeutschen Sportler beruhte auf einer planmäßigen Talentsuche mit »Kinder- und Jugendspartakiaden« sowie Sportschulen, der Zusammenarbeit mit den Massenorganisationen, dem Einsatz von ungefähr 5000 Trainern, einer ausgefeilten Sportmethodik und der Umsetzung von Ergebnissen der Sportmedizin – aber auch auf Doping.

Die hohe Bedeutung des Sports zur inneren Stabilisierung des SED-Systems drückte sich auch darin aus, dass das Ministerium für Staatssicherheit (MfS) Sportler und Funktionäre besonders scharf kontrollierte und mit dem Entzug von Privilegien bestrafen konnte. 1990 fand der DDR-Sport mit der Auflösung des DTSB und dem Beitritt der neu gegründeten Landessportbünde zum Deutschen Sportbund sein Ende.

»In der DDR waren Frauen emanzipiert und gleichberechtigt«

Frauen- und Familienpolitik in der Diktatur

Frauen in die Produktion

Auch die Frauen- und Familienpolitik wurde von der SED zur Ausdehnung ihres Führungsanspruchs und zur Verwirklichung wirtschafts- und sozialpolitischer Ziele eingesetzt. Öffentliche Diskussionen über das Geschlechterverhältnis vermied sie, und nur wenigen Frauen gelang es, Spitzenpositionen innerhalb der Staatspartei zu erringen. Allerdings strebte die SED an, Frauen in der Arbeitswelt eine zumindest formale soziale, ökonomische und politische Gleichstellung zu gewähren. Diese Gleichberechtigung galt der Propaganda als wichtige Errungenschaft des »Realsozialismus«, die ihren sinnfälligen Ausdruck jährlich am 8. März finden sollte, der als »Internationaler Frauentag« begangen wurde. An diesem Tag wurden männliche Kollegen oder Vorgesetzte in aller Regel nur in dienender Funktion geduldet. Die tradierte Arbeitsteilung zwischen Männern und Frauen blieb davon unberührt. Da den Frauen weiterhin die traditionellen Aufgaben in der Familie zukamen, litten sie unter einer Doppelbelastung.

> **»Mann und Frau sind gleichberechtigt. Alle Gesetze und Bestimmungen, die der Gleichberechtigung der Frau entgegenstehen, sind aufgehoben.«**
>
> **DDR-Verfassung von 1949, Art. 7**

Zwar diente die Einbeziehung von Frauen in die Arbeitswelt vor allem ökonomischen Zwecken, in den Betrieben konnten sie jedoch auch besser indoktriniert und überwacht werden. Ein Familientyp war intendiert, der sich zuerst Staat und Gesellschaft verpflichtet fühlte. Hohe Scheidungsraten und Krankenstände waren die Folge, der Wunsch nach Teilzeitarbeit wuchs, und die Geburtenrate sank, eine Entwicklung, die die 1972 eingeführte Fristenregelung bei Schwangerschaftsunterbrechungen nur unterstützte.

Diesem negativen Trend versuchte die Führung der SED zwischen 1972 und 1986 mit dem Ausbau der Frauen- und Familienförderung entgegenzuwirken. Dazu gehörte die bevorzugte Vergabe von Wohnungen und zinslosen Krediten an junge Eheleute. Auch mit der staatlichen Garantie der Kinderbetreuung und mit der Arbeitszeitverkürzung für Mütter sollten die Geburtenraten gesteigert werden. Darüber hinaus gelang es, geschlechterspezifische Unterschiede in den formalen Qualifikationsstrukturen weitgehend einzuebnen. Allerdings arbeiteten Frauen weitaus häufiger als Männer unter ihrem Qualifikationsniveau, sie verdienten oft weniger, und die Altersarmut von Frauen war ein verbreitetes Phänomen. Trotzdem betrachtete eine Mehrheit von Frauen in der DDR ihre Erwerbstätigkeit als festen Teil ihrer Lebensplanung und nahmen dafür eine Doppelbelastung in Kauf. Nach der deutschen Wiedervereinigung gerieten viele ostdeutsche Frauen bei der Konkurrenz um die knappen Ausbildungs- und Arbeitsplätze ins Hintertreffen.

»Die Kirchen in der DDR waren angepasst«

Christen zwischen Anpassung und Widerstand

Kirche im Sozialismus

Die Kirchen waren die einzigen Großorganisationen der DDR, die nicht in das System der SED-Diktatur integriert waren. 1989 hatten die evangelischen Landeskirchen ungefähr 4,4 Millionen Mitglieder in 6200 Gemeinden, in denen etwa 4000 Geistliche arbeiteten. Die ca. 1,1 Millionen Katholiken wurden durch 1100 Geistliche und 135 Ordenspriester betreut, 245 000 Ostdeutsche gehörten anderen Religionsgemeinschaften an. Die Kirchen unterhielten Krankenhäuser, Alters- und Pflegeheime, Heime für geistig und körperlich Behinderte und eine große Zahl von Sozialeinrichtungen mit ca. 23 000 Mitarbeitern. Dazu kam der in der Bodenreform nicht verstaatliche Grundbesitz.

Entchristianisierung

Das Religionsverständnis des Marxismus-Leninismus prägte die Kirchenpolitik der SED, die auf die Überwindung bzw. das Absterben von Religion und Kirchen setzte. Besonders die aggressive atheistische Propaganda und der politische Druck vor allem auf die evangelischen Jungen Gemeinden in den 1950er Jahren trieben die Entchristianisierung voran. In der Folgezeit vermied die Staatspartei die direkte Konfrontation und setzte – u. a. durch die Propagierung der »Jugendweihe« – verstärkt darauf, die Jugend zu gewinnen. Die Kirchen konnten zwar ihren Apparat aufrechterhalten, die SED drängte sie jedoch in ein Minderheitendasein. In dieser Situation gelang es der katholischen Kirche, ihre Einheit in Deutschland zu wahren. Die evangelischen Kirchen spalteten hingegen sich in zwei Bünde, wobei sich der »Bund der Evangelischen Kirchen in der DDR« (BEK) zunehmend zum Konzept der »Kirche im Sozialismus« bekannte. Die Spannungen, die nicht allein in Teilen der Geistlichkeit, sondern auch zwischen der Geistlichkeit und Laien erwuchsen, wurden durch den Opfertod des Pfarrers Oskar Brüsewitz offenkundig. Am 18. August 1976 verbrannte sich Brüsewitz öffentlich aus Protest gegen die kommunistische Jugendpolitik.

Spatensoldaten

Auf den Druck der evangelischen Kirchen wurde 1964 der Bausoldatendienst als Alternative zum bewaffneten Wehrdienst eingeführt. Bald entwickelten sich die Einheiten der Bausoldaten zu »Schulen der Opposition«. Der Differenzierungsprozess in den Kirchen verstärkte sich. Verschiedene evangelische Gemeinden gewährten den Oppositionsgruppen Schutz und Unterstützung. Der Versuch der SED-Führung, die Kirchen zur Stabilisierung ihrer Herrschaft zu missbrauchen, schlug fehl. Die Radikalisierung der Oppositionsgruppen unter dem Dach von Teilen der evangelischen Kirchen beschleunigte sich, und die SED konnte dem im Februar 1987 anlaufenden »Konziliaren Prozess für Gerechtigkeit, Frieden und Bewahrung der Schöpfung« nichts mehr entgegensetzen. So wurden die evangelischen Gemeinden mit ihren Pfarrern zu Keimzellen der friedlichen Revolution, im Herbst 1989 wuchs ihnen vorübergehend erhebliche politische Bedeutung zu.

Kunst, Kultur und Ideologie

»Die SED stand für Marxismus/Leninismus und Antifaschismus«

Staatsideologie und SED-Kulturpolitik als Mittel der Systemstabilisierung

Heilslehre Marxismus-Leninismus

Der Marxismus-Leninismus diente der Legitimierung stalinistischer Herrschaft als Parteidiktatur mit unbegrenztem Herrschaftsanspruch. Er war die verbindliche Weltanschauung der kommunistischen Parteien und begründete den Führungsanspruch der KPdSU. Als umfassende Ideologie war der Marxismus-Leninismus die Deutungs- und Handlungsnorm, die für alle Lebens- und Gesellschaftsbereiche der realsozialistischen Gesellschaften gültig war. Spätestens mit der Proklamation der SED zur »Partei neuen Typus« im Sommer 1948 war er in der SBZ und später auch in der DDR verbindlich.

Der Marxismus-Leninismus (oft »ML« abgekürzt) war eine innerweltliche Erlösungslehre, die den Anspruch einer totalen und über alle Zweifel erhabenen Deutung des Ganges und des Zieles der Geschichte erhob. Letztlich betrachtete er die Entstehung einer klassen-, eigentums- und herrschaftslosen kommunistischen Zukunftsgesellschaft als gesetzmäßig und durch nichts zu verhindern. Er erhob den Anspruch, die Welt revolutionär zu verändern. Dabei stützte er sich auf den dialektischen und historischen Materialismus von Karl Marx und Friedrich Engels als die »wissenschaftliche Philosophie«, die marxistische politische Ökonomie und den »Wissenschaftlichen Sozialismus/Kommunismus« als theoretische und praktische Anleitung des Kampfes der Arbeiterklasse um die Beseitigung »kapitalistischer Ausbeutung« und die Gestaltung des »Sozialismus und Kommunismus«. Platte Aussagen wie: »Die Lehre von Marx und Lenin ist allmächtig, weil sie wahr ist« geronnen zum Dogma und Signum eines quasireligiösen Ordens und dienten der Abgrenzung vom »Klassenfeind«.

Heiligenverehrung versus Gedankenfreiheit

Mit der Zeit erstarrte das System des Marxismus-Leninismus. An die Stelle von Reformen und schöpferischen Neugestaltungen trat eine innovationsfeindliche Einheit von politischer, geheimpolizeilicher und ideologischer Autorität der regierenden Staatspartei. In der friedlichen Revolution in der DDR verlor mit der nicht mehr handlungsfähigen SED auch der Marxismus-Leninismus seine Funktion als Legitimationsideologie.

Als Legitimationsstrategie und -ideologie waren Antifaschismus und Marxismus-Leninismus für die Führung der SED von grundlegender Bedeutung. Doch schon früh diente gerade der Antifaschismus zur Tarnung der Umgestaltung der Sowjetischen Besatzungszone im stalinistischen Sinn. Die Kommunisten benutzten ihn zur moralischen Rechtfertigung ihres Herrschaftssystems und als Begründung für soziostrukturelle Veränderungen. Unterstützung kam von den ostdeutschen antifaschistischen bzw. kommunistischen Intellektuellen und Künstlern, die im Juli 1945 in Berlin auf Initiative der Sowjetischen Militäradministration den »Kulturbund zur demokratischen Erneuerung Deutschlands« (1958 Deutscher Kulturbund, ab 1972 Kulturbund der DDR) als »Vereinigung der fortschrittlichen deutschen Intelligenz« gründeten. Der Kulturbund mit seinem kommunistischen Präsidenten, dem Schriftsteller Johannes R. Becher, schrieb sich die Überwindung der nationalsozialistischen Ideologie auf seine Fahnen. Zu den Zielen gehörten eine »neue, freiheitliche, demokratische Weltanschauung« und die »Wiedergeburt« einer wahrhaft nationalen deutschen Kultur. Der Bund beteiligte sich an der Schaffung selbständiger Künstlerverbände wie dem Deutschen Schriftstellerverband, dem Verband Bildender Künstler und dem Verband Deutscher Komponisten und Musikwissenschaftler sowie der Gesellschaft zur Verbreitung wissenschaftlicher Kenntnisse »Urania« mit 55 000 Mitgliedern.

Mit der Kultur im Bund

Anfänglich überparteilich ausgerichtet, setzten sich im Kulturbund bald kommunistische Tendenzen durch, so dass immer mehr Nichtkommunisten die Organisation verließen. Im November 1947 untersagten die westlichen Besatzungsbehörden das Wirken des Bundes im amerikanischen und britischen Sektor von Berlin. Der Kulturbund entwickelte sich zusehends zu einem Propagandainstrument der SED, die ihn selbst jedoch oft wegen »revisionistischer Tendenzen« kritisierte. Dieser Kritik gab er schließlich nach und bekannte sich 1958 in einem neuen Programm zum Aufbau einer »sozialistischen Kultur« und zur Schaffensmethode des »sozialistischen Realismus«.

Kulturnation DDR

Die dem Kulturbund angegliederten Fachverbände der Schriftsteller, bildenden Künstler und Musiker erhielten 1952 ihre Unabhängigkeit. Wie auch die anderen Massenorganisationen in der DDR unterstützte der Kulturbund mit schließlich ca. 265000 Mitgliedern in mehr als 1680 Ortsgruppen, 159 Klubs der Intelligenz, 75 Hoch- und Fachschulgruppen sowie 390 anderen Grundeinheiten bedingungslos die SED. Mehr als 10000 Interessengemeinschaften, Freundes- und Arbeitskreise, Fachgruppen oder Arbeitsgemeinschaften führten Fachleute und Laien auf den unterschiedlichsten künstlerischen und wissenschaftlichen Gebieten zusammen. Zum Veranstaltungsspektrum gehörten Vorträge, Diskussionen, Dichterlesungen, Konzerte, Ausstellungen und künstlerische Wettbewerbe. Die Aufmerksamkeit des Kulturbundes erstreckte sich auf alle künstlerische Bereiche, auf das künstlerische Volksschaffen sowie auf gesellschaftliche und naturwissenschaftliche Gebiete. In der Volkskammer und in der »Nationalen Front der DDR« unterstützte der Kulturbund immer die SED.

Viele Mitglieder betrachteten den Bund aber auch als Nische zum Ausleben persönlicher Interessen, wobei mit Überwachung durch die kommunistische Geheimpolizei zu rechnen war. Nach dem Rücktritt der Leitung des Kulturbundes als Folge der friedlichen Revolution beschloss ein außerordentlicher Bundeskongress im März 1990 die Organisation als »Kulturbund e. V.« fortzuführen. Der Antifaschismus hatte bis zum Ende der DDR eine gewisse Mobilisierungskraft, ohne jedoch den Niedergang der DDR aufhalten zu können.

Erstürmt die Höhen der Kultur

Die Kulturpolitik der SED diente der Förderung des politisch Erwünschten und der Repression des in den Augen der kommunistischen Diktatoren Schädlichen. Die freie Entwicklung von Kunst, Kultur und Wissenschaft war zu überwachen und zu unterdrücken, da sie sich nicht in ein System stalinistischer Repression einordnen ließ. Schon zu Beginn ihrer Existenz formulierte die SED die Ziele der von ihr verfolgten Kulturpolitik: Orientierung auf das nationale Kulturerbe, Ausrichtung auf die Sowjetunion, Privilegierung einzelner Kulturschaffender, Bekämpfung aller »unsozialistischen Tendenzen«, Propagierung von Antifaschismus und von Parteilichkeit sowie des »sozialistischen Realismus«. Außerdem sollten auf dem »Bitterfelder Weg« große Bevölkerungsteile und besonders Arbeiter in den kulturellen Prozess aktiv einbezogen werden.

Zwar unterlag die Kulturpolitik der SED einigen Wandlungen, grundsätzlich hielt sie jedoch an ihren Grundmaximen fest. Das führte immer wieder zu Auseinandersetzungen wie denen auf dem 11. Plenum des Zentralkomitees der SED 1965 und schließlich in den 1980er Jahren zu ihrer endgültigen Erstarrung. Immer mehr übernahm die Geheimpolizei Funktionen der Kulturpolitik, Konzessionen wechselten mit Erpressung und politischem Druck. Das führte verstärkt dazu, dass sozialistisch orientierte Künstler die DDR verließen oder ihre Illusionen über den Realsozialismus verloren. Schließlich schlossen sich viele von ihnen – wenn auch zögerlich – im Herbst 1989 der friedlichen Revolution an.

Das 11. Plenum des Zentralkomitees der SED 1965 läutete eine Revision der Kulturpolitik ein. Kritisiert wurden sowohl die Arbeit von Autoren, Schauspieler und Musikern als auch das Versagen der Kontrollgremien in Ministerien, Verbänden und Institutionen.

Instrumentalisierter Antifaschismus

Selbst Kritiker der DDR billigen noch heute der SED und ihrer Kulturpolitik zu, wenigstens den Antifaschismus »ehrlich gemeint« und konsequent auf Entnazifizierung gesetzt zu haben. Inzwischen konnte jedoch nachgewiesen werden, dass in der SED-Diktatur die Verfolgung von NS-Verbrechen von Anfang an auch in den Händen der Geheimpolizei lag. Die politische und juristische Auseinandersetzung der ostdeutschen Kommunisten mit dem Nationalsozialismus galt nicht nur der Vergangenheit, sondern – und das vorrangig – aktuellen politischen Interessen. Es ging darum, den Nimbus der Unnachgiebigkeit der DDR gegenüber den Nationalsozialisten zu bestätigen und die Bundesrepublik als in dieser Hinsicht zu nachgiebig bzw. sich auf dem Weg der »Faschisierung« befindlich zu diskreditieren. Daneben wollte man potentielle Inoffizielle Mitarbeiter der Staatssicherheit aus dem Kreis der NS-Belasteten werben bzw. erpressen. Dafür zog die Geheimpolizei große Aktenbestände in ihren Archiven zusammen, wodurch diese Unterlagen sowohl der Forschung als auch der internationalen und auch oft eigenen Justiz nicht mehr zur Verfügung standen. Es ging um die Lenkung von Strafverfahren, die Sicherung der DDR gegen negative Rückwirkungen aus NS-Verstrickungen und um die Steuerung von Kampagnen gegen die Bundesrepublik. Das konnte so weit gehen, dass das MfS Nationalsozialisten vor der Strafe bewahrte und selbst Kriegsverbrecher schützte, gleichzeitig jedoch mithalf, NS-belastete Eliten in der Bundesrepublik an den Pranger zu stellen bzw. vor Gericht zu bringen.

»Schulsystem und Universitäten standen allen offen«

Bildungspolitik zur Erziehung des »Neuen Menschen«

Freund-Feind-Denken

Da das Bildungssystem der Staatspartei der Durchsetzung ihrer umfassenden Machtinteressen dienen sollte, legte die SED die Inhalte schulischer, außerschulischer und universitäter Bildung fest. Als Mittel des »Klassenkampfes« hatte das Bildungssystem zum »Freund-Feind-Denken« zu erziehen. Besonders in der seit den 1970er Jahren verschärften Militarisierung fand der Hass auf den »Klassenfeind« seinen Ausdruck.

Pädagogische Neuorientierung

Bereits unmittelbar nach der Befreiung vom Nationalsozialismus wurden in einer »antifaschistisch-demokratischen« Schulreform (1945–1949) Schlüsselfunktionen der Bildungsverwaltung von der sowjetischen Besatzungsmacht bzw. der SED mit Kommunisten besetzt. Sie richteten das Bildungssystem am sowjetischen Vorbild aus und berücksichtigten dabei auch Traditionen der deutschen Arbeiterbewegung. Wichtige Elemente der Reform waren die Auflösung von Privatschulen, der Austausch von Lehrern im Zuge der Entnazifizierung, die Einführung einheitlicher Lehrpläne für Grund- und Oberschulen sowie die Gründung der Jugendorganisation FDJ. In der Phase des »Aufbaus des sozialistischen Bildungswesens« (1949–1961/62) folgten die

Etablierung einer marxistisch-leninistischen Pädagogik und die Ideologisierung des Bildungswesens. Neu waren die Zehnklassenschule und die polytechnische Ausbildung.

Bildung nach Plan

In den Jahren nach 1962 eröffnete die zwölfklassige Erweiterte Oberschule (EOS) über ein Ausleseverfahren den Weg zu den Hochschulen. Dazu kamen neue Formen der Vorschulerziehung, der Berufsausbildung und der Aus- bzw. Weiterbildung der Werktätigen. Der Zugang zu den Oberschulen und zu den Universitäten war zentral geplant, überwacht und streng reglementiert. Die begrenzte Zahl der Oberschüler und der Studenten richtete sich nach den Erfordernissen von Wirtschaft, Wissenschaft, Gesellschaft und Staatspartei, was den Vorteil hatte, dass jeder Oberschüler auch studieren konnte und jeder Student eine feste Anstellung in seinem Beruf fand. Die Nachteile lagen darin, dass vielen jungen Menschen wegen ihrer bürgerlichen Herkunft, ihres christlichen Glaubens oder wegen der begrenzten Zahl von Studienplätzen der Weg zu Universitäten und Hochschulen versperrt blieb. Andere wurden wegen ihres unangepassten politischen Verhaltens von den Lehranstalten verwiesen und in der Regel jahrelang »zur Bewährung in die Produktion« geschickt oder lebenslang vom Studium ausgeschlossen.

»Seid bereit, immer bereit!«

Insgesamt ging es im Bildungswesen weniger um Kreativität, Kritikfähigkeit und Individualität als um ideologische Gleichschaltung und Einbindung in vorgegebene Strukturen sowie um die Überwachung durch Geheimpolizei und kommunistischem Jugendverband. Lehrer und Hochschullehrer hatten neben der fachlichen Ausbildung den Schwerpunkt auf die Erziehung zur Parteitreue zu legen. Auch außerhalb der Bildungseinrichtungen sollten Schüler und Studenten Teile ihrer Freizeit gemeinsam verbringen. Die Ideologisierung des Bildungssystems war am Ende der DDR so weit vorangeschritten, dass Studenten, Lehrer und Hochschullehrer zu den letzten Stützen des untergehenden Systems zählten.

Das Repressionssystem der DDR

»Das Militär trug zur Erhaltung des Friedens in Europa bei«

Nationale Volksarmee als Kern der bewaffneten Kräfte

Waffen in Arbeiterhand

Das Kernstück der bewaffneten Einheiten in der DDR war die Nationale Volksarmee (NVA), die 1956 aus der Kasernierten Volkspolizei (KVP) hervorging. Zu den militärischen Kräften zählten darüber hinaus die Grenztruppen, die Zivilverteidigung, die »Kampfgruppen der Arbeiterklasse«, das Wachregiment des Ministeriums für Staatssicherheit und die »Deutsche Volkspolizei« bzw. die kasernierte Bereitschaftspolizei. Im eigentlichen Sinn war die Volksarmee als wichtiges Klassen- und Machtinstrument eine Parteiarmee. Staatlicherseits unterstand sie jedoch dem Nationalen Verteidigungsrat. Organisatorisch, waffentechnisch und politisch gab der Warschauer Pakt die Grundstrukturen vor. Darüber hinaus orientierte sich die NVA am sowjetischen Vorbild. An ihrer Spitze standen in der ersten Zeit sowohl »bewährte Antifaschisten« als auch Offiziere der Wehrmacht. Die NVA war von ihrer Gründung 1956 bis ins Frühjahr 1962 (Wehrpflichtgesetz vom 24. Januar 1962) eine Freiwilligenarmee, danach dauerte die Wehrpflicht 18 Monate, ab 1964 war ein waffenloser Ersatzdienst möglich. Immer wieder wurde auf junge Menschen massiver Druck ausgeübt, sich zu längerfristigem Militärdienst zu verpflichten.

Organisation der NVA

Die Truppen der DDR waren wie »andere Koalitionsarmeen« des Warschauer Paktes einem sowjetischen Oberkommando untergeordnet. So hatte die NVA zwar dem Politbüro und der Abteilung Sicherheitsfragen im Zentralkomitee der SED gehorsam zu sein, gleichzeitig wurde sie von der Führung in Moskau als Instrument sowjetischer Hegemonialpolitik betrachtet. Die NVA gliederte sich in die Landstreitkräfte, Luftstreitkräfte/Luftverteidigung und Volksmarine sowie von 1961 bis 1973 in die Grenzgruppen. Ausbildung, Bewaffnung und Logistik entsprachen weitgehend denen der Sowjetarmee, das höhere Offizierscorps erfuhr seine Ausbildung in der UdSSR. Strategisch hatte die Volksarmee, der zuletzt ca. 173000 Menschen angehörten, die Aufgabe, den »Gegner« auf seinem Territorium »vernichtend zu schlagen« und aggressive Handlungen besonders gegen die Bundesrepublik vorzubereiten.

EK-Unwesen

Bewaffnung und Ausbildung der Angehörigen der NVA waren gut, die Einsatzfähigkeit hoch und der militärische Drill hart. Wehrsold und Ausgangsmöglichkeiten bzw. Urlaubsansprüche der Soldaten können dagegen nur als dürftig bezeichnet werden, Mitbestimmungsrechte waren weitgehend unbekannt, die hygienischen Verhältnisse unzureichend und die Unterbringung einfach. Als besonders abstoßend empfinden noch heute viele ehemalige Wehrpflichtige das sogenannte EK-Unwesen (EK = Entlassungskandidat), d.h. die Drangsalierung durch dienstältere Kameraden, das Unteroffiziere und Offiziere »übersahen«.

Im Verlauf der friedlichen Revolution versuchte die Führung der SED, Teile der NVA und anderer bewaffneter Kräfte gegen die Demonstranten einzusetzen. Als dies scheiterte, brach die Moral der Truppen zusammen. Es kam zu Auflösungserscheinungen, zur Bildung von »Soldatenräten« und zu Fahnenfluchten. Mit der deutschen Wiedervereinigung ging die Nationale Volksarmee am 2. Oktober 1990 unter. Die Bundeswehr integrierte Teile ihrer Mannschaften und Offiziere. Dies war das Ende der Blockkonfrontation, des sog. »Kalten Kriegs«. Da sich nun keine hochgerüsteten Militärpakte mehr drohend gegenüber standen, war erstmals nach dem Ende des Zweiten Weltkriegs ein stabiler Frieden in Europa erreicht.

»Geheimpolizei und Justiz waren ›Staat im Staate‹«

Stasi, Justiz und die Opfer des SED-Systems

Schild und Schwert

Das Ministerium für Staatssicherheit (MfS, auch als Stasi bezeichnet) war für die Staatspartei SED und ihre Politbürokratie das entscheidende Herrschaftsinstrument und diente dem Erhalt und Ausbau ihrer Macht. Die Staatssicherheit war nie Staat im Staate, sie arbeitete stets als »Schild und Schwert« der Partei. In dieser Geheimpolizei vereinten sich die Unterdrückung der Bevölkerung im eigenen Land mit Spionage- und Diversionsfunktionen besonders gegenüber der Bundesrepublik. Das MfS hatte die Befugnisse eines mit exekutiven Kompetenzen ausgestatteten Untersuchungsorgans mit eigenen Haftanstalten und eines geheimen Nachrichtendienstes, das auf der Grundlage eines Gesetzes vom 8. Februar 1950 arbeitete und außerhalb der SED keiner Kontrolle unterlag.

Seine Zuständigkeiten waren niemals präzise formuliert, und so konnte die Führung der SED ihre Geheimpolizei repressiv nach innen und aggressiv nach außen beinahe beliebig einsetzen. Der politischen Situation entsprechend ging die Geheimpolizei unter ihren Ministern Wilhelm Zaisser, Ernst Wollweber und Erich Mielke gegen wirkliche oder vermeintliche Gegner brutal vor. Dabei änderte sich die Strategien. Während Partei und MfS in den 1950er Jahren auf aggressiven Terror setzten, standen später die flächendeckende Überwachung der Bevölkerung und in den 1980er Jahren die systematische »Zersetzung« der Opposition auf dem Plan.

Organisation des MfS

Die Zentrale des MfS in Berlin gliederte sich in 13 Hauptabteilungen und 20 selbständige Abteilungen, die sich auf Bezirks- und Kreisverwaltungen sowie auf Dienststellen in Universitäten und in Schwerpunktbetrieben stützten. Die Zahl der hauptamtlichen Mitarbeiter, die in absoluter Treue zu den und fanatischer Hingabe an die kommunistischen Ideale erzogen wurden, erreichte schließlich 91 000, die der inoffiziellen Spitzel und Zuträger (IM) betrug zuletzt 173 000. Die Überwachung erfasste praktisch alle Lebensbereiche, konzentrierte sich jedoch besonders auf Bürgerrechtler, Jugendliche, die Kirchen und die Streitkräfte. Dazu kamen die systematische Kontrolle des Grenzverkehrs sowie des Funk- und Telefonverkehrs. Für besondere Aufgaben war der Staatssicherheit das Wachregiment »Feliks Dzierzynski« mit zuletzt 11 700 Angehörigen als Verfügungstruppe zugeordnet.

Das Wachregiment »Feliks Dzierzynski« war der militärische Arm des MfS. Es wurde im November 1954 als »Wachregiment Berlin« gegründet und 1967 nach dem kommunistischen Geheimdienstchef und Gründer der Tscheka Feliks Dzierzynski benannt.

Die Staatssicherheit verfügte über eigene Ausbildungseinrichtungen wie eine »Juristische

Hochschule« mit Promotionsrecht, bildete ausländische Terroristen aus und hatte für den Spannungs- bzw. Kriegsfall Internierungslager für politische Gegner vorbereitet. Im Zuge der friedlichen Revolution musste die SED ihre Geheimpolizei in ein »Amt für Nationale Sicherheit« umwandeln und schließlich 1990 auflösen. Die bereits befohlene Aktenvernichtung konnten Bürgerkomitees zu einem großen Teil verhindern und so die Unterlagen der Öffentlichkeit zugänglich machen.

Klassenjustiz

Die Justiz war immer ein Herrschaftsinstrument der Führungsclique der SED. Nach der Gründung der DDR wandelte die Staatspartei die Deutsche Zentralverwaltung für Justiz zum Justizministerium um. Durch die Einrichtung des Obersten Gerichtshofes und die Oberste Staatsanwaltschaft wurde die Justiz zentralisiert. In enger Abstimmung mit der SED, anderen staatlichen Einrichtungen und dem MfS machten es sich die Juristen zur Aufgabe, politische Gegner brutal zu unterdrücken und Friedhofsruhe und hohe Arbeitsdisziplin durchzusetzen. Dabei wirkten die Lenkung der Justiz durch die SED und die politische Selbststeuerung der meist dieser Partei angehörenden Justizfunktionäre unter sowjetischem Einfluss zusammen. Freie Rechtsanwälte spielten kaum eine Rolle, die Justiz hatte ihre Unabhängigkeit aufgegeben und verstand sich als »Waffe im Klassenkampf«. Die Tatsache, dass die Geheimpolizei über ein eigenes Untersuchungsorgan und eigene Haftanstalten verfügte und dass die SED-Führung direkt in Verfahren eingriff und die Urteile vorschrieb, nahmen die Juristen dabei als selbstverständlich hin.

Insgesamt kann die DDR nicht beanspruchen, ein Rechtsstaat gewesen zu sein. Im Bereich des politischen Strafrechts war sie sogar deutlich ein Unrechtsstaat. Wie das MfS war auch die Justiz nie »Staat im Staate«, sondern immer ein Herrschaftsinstrument der SED.

Politische Haft

Obwohl ein großer Teil des Staatsapparates auf die Ermittlung, Verurteilung und Verwahrung politischer »Täter« ausgerichtet war, gab es in der DDR offiziell keine politischen Häftlinge. Ermittlungsorgane im politischen Bereich waren die Kriminalpolizei, der Zoll und das Ministerium für Staatssicherheit mit einem eigenen Untersuchungsorgan und Untersuchungshaftanstalten in allen Bezirken der DDR. Die Bezirksgerichte hatten für politische Strafsachen eigene Strafsenate, und auch die Militärgerichtsbarkeit urteilte in politischen Verfahren. Politische Prozesse, in denen die Staatsanwaltschaften auch das Wirtschafts- und Steuerstrafrecht einsetzten und das Arbeitsrecht missbrauchten, fanden grundsätzlich unter Ausschluss der Öffentlichkeit statt. Einsprüche und Beschwerden über politische Verfolgung oder Benachteiligung waren chancenlos oder konnten gar nicht erst eingereicht werden.

Im Strafvollzug litten politische Häftlinge generell unter Benachteiligungen. Oft waren sie mit Kriminellen inhaftiert, deren Brutalität sie im Gefängnisalltag in aller Regel unterlegen waren.

Der Anteil der politischen Häftlinge an der Gesamtzahl der Inhaftierten schwankte im Verlauf der Geschichte der DDR, war aber häufig so hoch, dass die Überfüllung der Haftanstalten durch Amnestien verringert werden musste. Auch der Freikauf Inhaftierter durch die Bundesrepublik minderte ihre Zahl. Insgesamt gab es – ohne die von der sowjetischen Besatzungsmacht übernommenen Häftlinge – etwa 180000 politisch Inhaftierte, von denen zwischen 1964 und 1989 fast 32000 freigekauft werden konnten. Nach politischer Haft standen die ehemaligen Gefangenen Zeit ihres Lebens in der DDR unter Beobachtung. Viele Berufswege waren ihnen versperrt.

Zu den politischen Häftlingen und damit zu den Opfern der kommunistischen Diktatur gehörten ganze Gruppen wie Sozialdemokraten, Zeugen Jehovas oder leitende Persönlichkeiten der bürgerlichen Parteien CDU und LDP. So genannte Schädlinge zählten dazu, Saboteure und Agenten sowie Hörer westlicher Rundfunkstationen, außerdem kritische Studenten und Schüler bzw. Personen, die sich ganz einfach nicht angepasst genug verhielten. Viele wurden aus politischen Gründen verurteilt und hingerichtet oder starben als Flüchtlinge an der Grenze oder während der Haft. Aber auch diejenigen, die in Gefängnissen oder durch »Zersetzungsmaßnahmen« der Geheimpolizei ihrer Gesundheit, Arbeit und Familie beraubt wurden, zählen zu den Opfern kommunistischer Herrschaftspraxis. Dazu kommen ihre Familienangehörigen, aus politischen Gründen enteignete Unternehmer und Bauern sowie wegen »politischer Unzuverlässigkeit« aus ihren Wohngebieten ausgesiedelte Menschen. Andere litten ganz allgemein unter der Trennung von ihren Freunden und Angehörigen durch Stacheldraht und Schießbefehl, unter politischer Indoktrination und unter Schikanen wegen kritischer Meinungsäußerungen. Tausende wurden von Schulen und Universitäten verwiesen. Dazu kam noch eine kleine Gruppe von Kommunisten, die bei innerparteilichen »Diadochenkämpfen« Opfer der eigenen Genossen wurden. Ohne offenen bzw. »leisen« Terror war die Herrschaft der SED nicht überlebensfähig.

»Die Mauer wurde auf Befehl Moskaus errichtet«

Deutsche Teilung und Grenzregime

Nach Kriegsende und der Aufteilung des deutschen Territoriums in Besatzungszonen wurden deren Grenzen als vorläufig betrachtet. Unter dem Einfluss der sowjetischen Besatzungsmacht begann der Ausbau der innerdeutschen Demarkationslinie und gewann – bedingt durch zunehmende Fluchtbewegungen – nach der Niederschlagung des Volksaufstandes vom 17. Juni 1953 an Tempo. Durch den Ausbau der innerdeutschen Grenzanlagen nach 1952 und eine Verschärfung des Passgesetzes 1956 schränkte die Führung der SED die Begegnungsmöglichkeiten zwischen den Deutschen empfindlich ein. Der schwerwiegendste Einschnitt war der Bau der Berliner Mauer am 13. August 1961, der von einem Tag auf den anderen Familien trennte und Verbindungen jäh unterbrach. Besonders betroffen waren die Berliner und die Bewohner der Randgebiete zwischen beiden deutschen Staaten.

»Niemand hat die Absicht, eine Mauer zu bauen.«

Walter Ulbricht, 15. Juni 1961

Zwangsumtausch und Rentnerreisen

In der folgenden Zeit versuchten die Bundesregierung und der Senat von West-Berlin durch Verhandlungen mit der DDR-Regierung die Lage zu entschärfen. Das Passierscheinabkommen von Weihnachten 1963 weckte erste Hoffnungen auf eine Rückkehr zu erträglicheren Verhältnissen. Nach zweieinhalb Jahren der brutalen Trennung durften West-Berliner erstmals wieder zu ihren engsten Verwandten in den Ostteil der Stadt reisen. Bis 1966 folgten drei weitere Vereinbarungen, die den Besucherverkehr von West- nach Ost-Berlin zu den Oster- und Weihnachtsfeiertagen, aber auch bei dringenden Familienangelegenheiten regelten. Jetzt benutzte die SED-Führung den für Besucher aus dem Westen 1964 eingeführten »Zwangsumtausch«, dessen Tagessatz sich bis in die 1980er Jahre immer wieder erhöht, als Hürde bei den persönlichen Kontakten und zur Verbesserung der Devisenbilanz der DDR.

Ab 1964 durften ostdeutsche Rentner in die Bundesrepublik und nach West-Berlin reisen. Für ein Jahrzehnt waren sie die wichtigsten deutsch-deutschen »Kuriere«. Seit den Verhandlungen zwischen Bonn und Ost-Berlin um einen Grundlagenvertrag Anfang der 1970er Jahre konnten auch jüngere Ostdeutsche bei dringenden Familienangelegenheiten in die Bundesrepublik reisen, hatten aber keinen Rechtsanspruch auf eine Reisegenehmigung. Das letzte Wort besaßen immer SED und Staatssicherheit, die die Antragsteller in der Regel nur allein, ohne enge Angehörige und ohne Kinder unter 18 Jahren, fahren ließen. Zunächst lag die Zahl der Genehmigungen im Jahr nie über 50000. Nach langsamen Anwachsen in der ersten Hälfte der 1980er Jahre gaben die DDR-Behörden 1986 vor dem Besuch Erich Honeckers in die Bundesrepublik zu mehr als einer halben Millionen Westreisen ihre Zustimmung. Für bestimmte Berufsgruppen verhängten jedoch beide deutsche Staaten »Kontaktverbote«. Denjenigen, die aus »Sicherheitsgründen« die DDR nicht in Richtung Westen verlassen bzw. nicht in die DDR einreisen durften, blieben Begegnungen im »sozialistischen Ausland«, in Prag oder Budapest, am Plattensee oder an der Schwarzmeerküste.

Antifaschistischer Schutzwall

Der Mauerbau 1961 hatte Deutschland endgültig in zwei Staaten geteilt, worunter besonders die in ihrer Freizügigkeit eingeschränkten Ostdeutschen litten. Die Errichtung der Berliner Mauer war jedoch nicht auf Geheiß Moskaus erfolgt. Da das SED-Regime keine andere Möglichkeit zur Stabilisierung der zweiten deutschen Diktatur mehr sah, stimmte die sowjetische Führung vielmehr dem Drängen ihrer ostdeutschen Genossen zu. Um keinen Krieg zu riskieren, schritten die West-Alliierten nicht ein. Sie wollten ihre Anwesenheit in West-Berlin, ihr freies Zugangsrecht zur Stadt und das Recht der West-Berliner, selbst über ihre Lebensweise zu bestimmen, nicht gefährden. Der SED-Propaganda gelang es hingegen zu keinem Zeitpunkt, die Legende vom »antifaschistischen Schutzwall« glaubhaft zu vertreten, weshalb die Führung der Staatspartei gezwungen war, die Mauer und ihr unmenschliches Grenzregime ständig zu perfektionieren und auszubauen.

Abstimmung mit den Füßen

Trotz des strengen Grenzregimes verließen insgesamt mehr als 3,5 Millionen Flüchtlinge oder »Ausreiser« (es gibt auch höhere Angaben bis hin zu 5,2 Millionen Menschen), also etwa ein Siebtel der Gesamtbevölkerung der DDR, das Land. Die

Gründe für diese »Abstimmung mit den Füßen« lagen im politischen, familiären und materiellen Bereich. Dazu kommen diejenigen, die bereits aus der Sowjetischen Besatzungszone flüchteten oder in den Jahren 1945 und 1946 aus Ostpreußen, Pommern, Schlesien, dem Sudetenland oder Gebieten in Ostmitteleuropa kommend, die SBZ im »Transit« durchquerten. Notaufnahmelager in West-Berlin und in der Bundesrepublik konnten bereits 1949 fast 130000 Flüchtlinge registrieren. 1953 erreichte die Zahl der Flüchtlinge mit 330000 Menschen einen Höhepunkt.

Flucht mit allen Mitteln

Nachdem der Mauerbau und der Ausbau der deutsch-deutschen Grenze die Flucht über die »grüne Grenze« unmöglich gemacht hatten, versuchten zahlreiche Ostdeutsche mit selbstgebauten Ballons, Fluggeräten, U-Booten, Surfbrettern, Schiffen und gepanzerten Fahrzeugen ihr eingemauertes Land zu verlassen. Sie wagten ihre Ausschleusung über die Autobahn-Transitstrecken oder krochen – besonders in den Jahren 1962/63 – durch Tunnel nach West-Berlin. Die SED ließ die Mauer zu einem ausgeklügelten Grenzsystem ausbauen. Todesopfer nahm sie als »Abschreckung« bewusst in Kauf. 1970 begann die NVA mit der Installation von Selbstschussanlagen und Minen am Grenzzaun. Zwischen 1976 und 1989 scheiterten ca. 38000 von rund 67000 Fluchtversuchen. Insgesamt verloren nach Schätzungen mehr als 1000 Flüchtlinge an den innerdeutschen Grenzen ihr Leben. Über die Hälfte der politischen Gefangenen in der DDR war wegen »illegalen Grenzübertritts« inhaftiert. Zu einer Entschärfung der Situation kam es erst 1984, als das SED-Regime als Gegenleistung für einen bundesdeutschen Milliardenkredit die Todesautomaten demontierte.

Ausreise Nach der Unterzeichnung der KSZE-Schlussakte 1975 in Helsinki trat der Antrag auf Ausreise an die Stelle von risikoreichen Grenzdurchbrüchen. Bis 1986 wuchs die Zahl der Antragsteller auf Übersiedlung in die Bundesrepublik und nach West-Berlin auf etwa 78000, im folgenden Jahr waren es bereits 112000. Besonders große Teile des Bürgertums und junge Menschen verließen das Land, während die in der DDR Zurückgebliebenen immer wieder die Erfahrung machten, dass die in den Westen gelangten Flüchtlinge oder Ausreiser sich unter den starken Anpassungszwängen dort nie wieder bei Freunden und Verwandten im Osten meldeten. Kontakte brachen abrupt ab und ließen sich nicht wieder herstellen.

In der Spätzeit der SED-Diktatur schwächte die Ausreise zwar die Opposition in der DDR, sie destabilisierte jedoch auch das ostdeutsche System durch den ständigen Abfluss hochqualifizierter Menschen. Ein Dammbruch erfolgte im Sommer 1989, als immer mehr Ostdeutsche sich in die Obhut der bundesdeutschen diplomatischen Vertretungen in Budapest, Warschau und Prag begaben oder über die geöffnete Westgrenze Ungarns flüchteten. Unterm Strich trugen sowohl Flucht als auch Ausreise wesentlich zum Niedergang der DDR bei.

Opposition und Widerstand in der DDR

»In der DDR gab es keinen Widerstand«

Widerstand und der Wunsch nach einem Reformsozialismus

Früher Widerstand

Widerständiges Verhalten und politische Repression kennzeichneten die gesamte Geschichte der SBZ und DDR. Schon in der unmittelbaren Nachkriegszeit war erste Kritik an den Aktionen der SMAD, nicht aber an der gesamten Besatzungsherrschaft, auszumachen. Dazu gehörten die Proteste bürgerlicher Politiker aus den Reihen von CDU und LDP gegen die entschädigungslose Enteignung im Zuge der Bodenreform, gegen Verstaatlichungen in der Industrie und später gegen die politische Gleichschaltung ihrer Parteien. Einen qualitativen und quantitativen Wandel brachte der sozialdemokratische Widerstand gegen die Vereinigung mit der kommunistischen Partei. Tausende Sozialdemokraten bildeten illegale Zirkel, 5000 bis 6000 von ihnen bezahlten ihren Widerstand mit langjähriger Haft in Zwangsarbeitslagern und in Zuchthäusern. Aber auch Kommunisten, die für die Unabhängigkeit von Moskau plädierten, gerieten ins Fadenkreuz politischer Verfolgung. Man schleppte sie vor Militärtribunale und Gerichte, in Zuchthäuser und Internierungslager.

Nicht wenige der Inhaftierten verloren als Opfer politischer Verfolgung ihr Leben.

Studenten leisteten Widerstand gegen den kommunistischen Einfluss an den Universitäten, junge Christen wandten sich gegen die atheistische Politik der SED. Immer wieder forderten Ostdeutsche freie Wahlen und die Wiedervereinigung, etliche verliehen ihrem Protest durch die Flucht aus Ostdeutschland Ausdruck. Bauern wehrten sich gegen die kommunistische Agrarpolitik, Arbeiter gegen den Arbeitsdruck.

»Verschärfter Klassenkampf«

Mit der Gründung der DDR 1949 trat der Widerstand in Ostdeutschland in eine neue Phase. Das zeigte sich bei der Abschaffung der freien und geheimen Wahlen anlässlich der Volkskammerwahl vom 15. Oktober 1950. Vermehrt tauchten antikommunistische Flugblätter und freiheitliche Inschriften auf. Eine nächste Stufe des Widerstandes war mit dem von der 2. Parteikonferenz der SED erlassenen Beschluss verbunden, in der DDR den Sozialismus aufzubauen. Dies sollte im Selbstverständnis der Kommunisten mit »verschärftem Klassenkampf« verbunden werden.

Volksaufstand Juni 1953

Die innere Politik der DDR und die Politik der Sowjetunion auf ihrem »deutschen Territorium« führten zum Volksaufstand vom 17. Juni 1953. Vorausgegangen waren eine tiefe wirtschaftliche Krise und für viele Ostdeutsche schwere persönliche Bedrängnis durch den von der SED forcierten »Aufbau des Sozialismus«.

Auf der 2. Parteikonferenz der SED im Juli 1952 wurde der »Aufbau des Sozialismus« offiziell verkündet. Folgen waren eine beschleunigte Kollektivierung der Landwirtschaft und das Zurückdrängen privater Handwerker und Unternehmer. Kirchen und deren Jugendorganisationen wurden bekämpft, der Staat neu organisiert, die Schwerindustrie ausgebaut und die Aufrüstung beschleunigt.

Nach dem Tod Stalins am 5. März 1953 bremsten die verunsicherten Kremlführer diesen Kurs, was für die ostdeutschen Funktionäre überraschend kam und ihr Selbstvertrauen beschädigte. Viele Menschen, besonders die bedrängten bürgerlichen und bäuerlichen Schichten hofften, dass die kommunistische Herrschaft nicht von Dauer sein würde.

Im Rahmen eines »Neuen Kurses« nahm die SED-Führung etliche der unpopulären Maßnahmen wieder zurück, worunter sich jedoch noch nicht die Arbeitsnormerhöhung befand. Deren Rücknahme erfolgte zu spät. Am 16. Juni kam es zur offenen Aufstandsbewegung der Berliner Bauarbeiter, die sich explosionsartig auf weite Teile der DDR ausbreitete. Neben wirtschaftliche Forderungen trat sehr schnell der Ruf nach Auflösung der Regierung, nach freien Wahlen und einem Ende der deutschen Teilung. In den Tagen zwischen dem 17. und dem 21. Juni gab es in mehr als 700 Orten Demonstrationen, Erstürmungen von SED- und Regierungsdienststellen, die Besetzung von Ämtern der Geheimpolizei, die Befreiung von Gefangenen und die Entwaff-

Faschistischer Putsch, Arbeiterrevolte oder Volksaufstand?

nung der Volkspolizei. Propagandaplakate wurden abgerissen, Funktionäre angegriffen, es kam zu Streiks und verbalen Auseinandersetzungen mit Vertretern des politischen Systems.

Zwar gewannen die spontanen Aufstände nur an wenigen Orten eine Organisationsstruktur, doch wurde deutlich, dass die kommunistische Herrschaft letztlich auf sowjetischen Bajonetten beruhte. Und so rettete das Eingreifen sowjetischer Truppen und Panzer in den Mittagsstunden des 17. Juni die Herrschaft der SED. In den kommenden Jahrzehnten war den Menschen in der DDR klar, dass bei offenen Widerstandshandlungen mit bewaffneter Gewalt zu rechnen war. Die Herrschenden hingegen wussten, auf wie dünnen Eis sie sich bewegten. Mit dem 17. Juni 1953 begann gewissermaßen die innere Staatsgründung der DDR, wobei die SED das Transformationstempo erst einmal reduzierte. Die Westmächte hatten gezeigt, dass sie nicht aktiv eingreifen würden. Für den weiteren Ausbau des kommunistischen Systems war auch wichtig, dass die SED nach Möglichkeit versuchte, heftige Konfrontationen mit der eigenen Bevölkerung zu vermeiden und deren materielle Situation zu verbessern. Die Staatssozialisten setzten jetzt verstärkt auf langfristige Strategien.

Innere Staatsgründung

Der grundsätzliche Widerstand gegen die kommunistische Herrschaft hatte seinen Höhepunkt im Volksaufstand vom Juni 1953 und fand sein vorläufiges Ende durch die Abriegelung der DDR mit dem Mauerbau von 1961 und die schwachen

Reaktionen des Westens darauf. Die Hoffnung der Ostdeutschen auf Freiheit, Demokratie und Wiedervereinigung war schwer enttäuscht worden. Neue Formen widerständigen Verhaltens sollten sich erst in den späten 60er und in den 70er Jahren entwickeln.

Die Tschechoslowakei und der Dritte Weg

1968 schien für einen kurzen historischen Augenblick in der Tschechoslowakei die Idee eines »Dritten Weges« zwischen Kapitalismus und Sozialismus möglich zu werden. Frei und öffentlich konnte hier über Stalinismus und die Bevormundung durch Moskau gesprochen werden. Unfreiheit und wirtschaftliche Schwierigkeiten konnten ebenso thematisiert werden wie die Probleme zwischen Tschechen und Slowaken. Schnell wurden Forderungen nach dem Ende der Zensur und der Rehabilitierung von Terroropfern laut. Reise- und Pressefreiheit wurden gefordert, nationale Selbstbestimmung und die Neuordnung des Verhältnisses zwischen beiden Landesteilen. Im Kern ging es darum, bürgerliche Freiheitsrechte mit einer sozial gerechten Gesellschaft zu verbinden. Damit verließen die Reformer traditionelle kommunistische Vorstellungen und näherten sich zunehmend sozialdemokratischen Zielen. Dies erschien den Führungen in Moskau und in den »sozialistischen Bruderstaaten« wie der DDR nicht hinnehmbar. Sie versuchten die tschechoslowakische Führung zu erpressen und setzten schließlich, als dies nicht erfolgreich war, ihre Truppen ein.

Prager Frühling

Den nach einem Musikfestival benannten »Prager Frühling« schlugen Einheiten der Sowjetunion, Polens, Ungarns und Bulgariens am 21. August 1968 nieder. Die SED-Führung hatte auf diese Invasion gedrängt und ihre Truppen zum Einsatz angeboten, schließlich hatte die NVA aber nur als Reserve und bei der Lösung logistischer Aufgaben gedient. Mit dem Ende der Hoffnungen auf einen demokratischen Sozialismus hatte Moskau die letzte wirkliche Chance einer grundlegenden Reform des eigenen Systems zerstört. Die Führung der SED war daran moralisch und politisch mitschuldig.

Die Reaktionen der DDR-Bevölkerung auf die Niederschlagung des »Prager Frühlings« fielen verhalten aus; Kriegsangst dominierte. Dennoch gab es eine größere Anzahl individueller Proteste, wozu Besuche und Solidaritätsanrufe in der tschechoslowakischen Botschaft in Ost-Berlin und Eintragungen in die dort ausliegenden Kondolenzbücher zählten. Man verteilte Flugblätter, malte Protestlosungen auf die Wände öffentlicher Gebäude und versammelte sich zum stillen Protest auf den Straßen und Plätzen von Städten wie Erfurt, Eisenach, Gotha, Berlin, Dresden oder Potsdam. Bis zum 29. August 1968 zählte das Ministerium des Innern 1742 »Straftatbestände«, die direkt mit der Intervention verbunden waren. Am 26. September registrierte das MfS allein in Berlin 389 Stellen, an denen Flugblätter gefunden worden waren. An 212 anderen Orten waren Protestlosungen angebracht worden.

Bei diesen Losungen, die in der ganzen DDR auftauchten, handelte es sich um Bekenntnisse zur Demokratie in der ČSSR und zu ihren Repräsentanten Alexander Dubček und Ludvík Svoboda. Der SED und Walter Ulbricht wurden Absagen erteilt, ebenso dem Staatssicherheitsdienst und dem Kommunismus überhaupt. Auch waren Slogans zu lesen wie »Russen raus aus Prag« und »Freie Wahlen in der DDR«. Im Oktober 1968 ging die Generalstaatsanwaltschaft der DDR von 1189 Personen aus, die sich an Protesten beteiligt hatten. Drei Viertel davon waren unter 30 Jahren, 84,2 Prozent Arbeiter, die meisten davon männlichen Geschlechts. Studenten und Angehörige der Intelligenz fanden sich dagegen kaum bereit, ein persönliches Risiko einzugehen. Wie bereits 1953 waren die Zentren des neu entbrannten Protests ihr Mittelpunkt, was besonders für das mitteldeutsche Industriegebiet mit den Bezirken Halle und Leipzig galt. Und auch 3358 Genossen der SED gehörten zu den Protestierenden.

Am Ende der Utopie

Die traumatische Erfahrung der Niederlage der Reformbewegung führte bei der Mehrheit der ostdeutschen Bevölkerung zu langwirkenden Folgen wie der Überzeugung, dass eine Systemreform immer nur von der Sowjetunion ausgehen könne. Paradoxerweise glaubten noch immer etliche der Oppositionellen, dass, verglichen mit dem Westen, der reale Sozialismus allen Erfahrungen und der offensichtlichen Unterdrückung zum Trotz die bessere Gesellschaftsordnung sei. Die Masse der Ostdeutschen war jedoch nach der Niederschlagung des Prager Frühlings noch weniger als zuvor von der Vereinbarkeit von Freiheit, Demokratie und Sozialismus überzeugt. Der Rückzug ins Private verstärkte sich. Eine Minderheit suchte neue Formen der Opposition, wobei die antiautoritäre Revolte im Westen durchaus eine Rolle spielte. Aus diesem Kreis kamen diejenigen, die im Herbst 1989 das Heft in die Hand nahmen. Schließlich war weniger das Prager Programm zur demokratischen Reform des Sozialismus, sondern vielmehr die Erfahrung der brutalen Zerstörung dieses Traums am 21. August 1968 die Geburtsstunde der demokratischen Opposition in der DDR.

Ausbürgerung

Mit der Ausbürgerung regimekritischer Menschen griff die Führung der SED auf eine Praxis zurück, die die Nationalsozialisten mit dem Gesetz zur Aberkennung der deutschen Staatsangehörigkeit am 14. Juli 1933 eingeführt hatten. Allerdings konnten in der DDR nur Personen ausgebürgert werden, die ihren Wohnsitz oder Aufenthalt in diesem Staat hatten. In den 1970er und 1980er Jahren bürgerte die SED vereinzelt kritische oder oppositionelle Bürger aus. Der bedeutendste Fall war der des Liedermachers Wolf Biermann am 16. November 1976 nach einem offiziell genehmigten Konzert in Köln, das auch westliche Massenmedien übertragen hatten. Der Sänger hatte sich kritisch, zugleich aber auch loyal über die DDR geäußert. Durch den für die SED-Führung vollkommen unerwarteten offenen Protest von zwölf Schriftstellern gegen die Ausbürgerung Biermanns, dem sich mehr als hundert Künstler, Schauspieler und Literaten anschlossen, geriet die kommunistische Parteispitze in eine prekäre Lage. Jetzt wandten sich die eigenen Intellektuellen von ihrer Politik ab und scheuten auch die Öffentlichkeit nicht mehr.

Der Fall Biermann

Exodus der Intellektuellen

Den gegen diesen Willkürakt Protestierenden ging es wesentlich um die intellektuelle Freiheit. Die Reisefreiheit, die andere Ostdeutsche in die Opposition trieb, war für sie von untergeordneter Bedeutung. Mit dem von der SED-Führung erzwungenen Exodus von Intellektuellen, der nach den Protesten gegen die Biermann-Ausbürgerung einsetzte, verschärfte sich ein altes Problem: Die unruhigsten, kritischen und politisch aktivsten Menschen suchten das Weite und schwächten damit das widerständige Verhalten im Lande. Damit war mit dem Verlassen der DDR als Folge der Ausbürgerung Biermanns das Grunddilemma der Wahl zwischen der Ausreise in den Westen und der Opposition in der DDR verbunden.

Die SED blieb jedoch bei ihrem kulturpolitischen Kurs, sie drängte die Protestierenden zum Rückzug ihrer Unterschrift, schikanierte sie, verdrängte viele aus der DDR, versuchte sie mit einem Dauervisum zu korrumpieren und ging gegen die nicht prominenten Protestierenden mit politischer Repression bis hin zu Haftstrafen vor. Sie hielt die Ausbürgerung aufrecht und nahm den internationalen Imageschaden der ostdeutschen Diktatur in Kauf. Ein Massenexodus von Künstlern begann, die kritische Intellektuellengruppe zerfiel. Viele Kritiker resignierten in den nächsten Jahren. Letztlich stärkte die Ausbürgerung Biermanns jedoch die Opposition in der DDR. Wieder einmal war deutlich geworden, dass das System reformunfähig war. Die Führung der SED hatte einen entscheidenden Fehler gemacht und sich einen wesentlichen Schritt auf den Abgrund zubewegt.

»Die Schlussakte von Helsinki machte die DDR hoffähig«

Die KSZE und ihre Folgen für die SED-Diktatur

Industriegesellschaft kommunistischen Typs

Ende der 1960er Jahre traten in der DDR erneut Schwierigkeiten bei der Versorgung der Bevölkerung auf. Die Arbeitsproduktivität blieb hinter den Erwartungen der kommunistischen Führung zurück, und die Unzufriedenheit der Ostdeutschen wuchs. Daraufhin proklamierte der VIII. Parteitag der SED im Juni 1971 die »Einheit von Wirtschafts- und Sozialpolitik«. Bis 1976 gelang es, zumindest die akute Versorgungskrise zu überwinden. Selbst der Westen zeigte sich beeindruckt: Nicht wenige Beobachter erkannten in Ostdeutschland eine sich herausbildende »Industriegesellschaft kommunistischen Typs«. Aber der Aufschwung nach dem Machtantritt Erich Honeckers 1971 war nur eine Scheinblüte. Der wirtschaftliche Fortschritt war weitgehend kreditfinanziert, die Auslandsverschuldung erhöhte sich, und bereits 1977 begann der Aufschwung angesichts einer weltweiten Wirtschafts- und Rohstoffkrise zu stagnieren. Innenpolitisch kehrte sich die SED jetzt endgültig von der Orientierung auf die Wiedervereinigung Deutschlands ab und setzte auf die Bildung einer »sozialistischen Nation« in einer abgeriegelten DDR.

Im Zuge der internationalen Entspannungspolitik seit Ende der 1960er Jahre erlangte die DDR die ihr vom Westen bislang verweigerte diplomatische Anerkennung. Von ausschlaggebender Bedeutung war, dass es 1972 gelang, einen Grundlagenvertrag über die Beziehungen zur Bundesrepublik abzuschließen und in den KSZE-Prozess einbezogen zu werden. Bereits im Jahr 1967 hatten die Mitgliedstaaten des kommunistischen Militärbündnisses »Warschauer Vertrag« eine europäische Sicherheitskonferenz vorgeschlagen. Ziel war, den politischen Status quo in Europa festzuschreiben. Als mit der Ostpolitik der Bundesregierung Willy Brandt und mit dem Rüstungsbeschränkungsvertrag SALT 1 zwischen der kommunistischen Führungsmacht Sowjetunion und den USA die Chancen auf eine Verständigung zwischen Ost und West gewachsen waren, erklärten sich auch die westlichen Staaten zur Teilnahme an dieser Konferenz bereit, die am 3. Juli 1973 eröffnet wurde. Nach zähen Verhandlungen versammelten sich vom 30. Juli bis zum 1. August 1975 35 Staats- und Regierungschefs aus Europa, den USA und Kanada in der finnischen Hauptstadt Helsinki, um die Schlussakte der Konferenz für Sicherheit und Zusammenarbeit in Europa (KSZE), die eine gemeinsame Absichtserklärung der beteiligten Regierungen darstellte, zu unterzeichnen.

»Die Bundesrepublik Deutschland und die Deutsche Demokratische Republik gehen davon aus, dass keiner der beiden Staaten den anderen international vertreten oder in seinem Namen handeln kann.«

Art. 4 des Grundlagenvertrags

Schlussakte von Helsinki

Die DDR war in Helsinki als gleichberechtigter Partner vertreten. Darin sah die Führung der SED einen wichtigen außenpolitischen Erfolg und einen weiteren Schritt hin zur internationalen Anerkennung ihres Staates. Mit seiner Unterschrift unter die KSZE-Schlussakte sicherte der ostdeutsche Parteichef Erich Honecker die Einhaltung der darin festgeschriebenen Prinzipien der Unverletzlichkeit der Grenzen, der friedlichen Regelung von Streitigkeiten und der Nichteinmischung in innere Angelegenheiten der Vertragspartner zu.

Drei Körbe

Die Vereinbarungen waren in drei so genannten Körben zusammengefasst. Korb 1, der wesentliche Elemente der bundesdeutschen Ostverträge aufgriff, enthielt die vertrauensbildenden Maßnahmen im militärischen Bereich und das Prinzip der Unverletzlichkeit der Grenzen sowie der territorialen Integrität der Staaten. Im Korb 2 verpflichteten sich die Vertragspartner zur Zusammenarbeit auf wissenschaftlich-technischem Gebiet. Von besonderer Brisanz für die kommunistischen Diktaturen erwies sich jedoch Korb 3, der die Verpflichtung enthielt, Menschenrechte und Grundfreiheiten einschließlich der Gedanken-, Gewissens-, Religions- und Überzeugungsfreiheit zu respektieren. Zwischen den beteiligten Staaten konnten vertrauensbildende Maßnahmen wie wechselseitige Manöverbeobachtungen und Ankündigungen von Manövern sowie wirtschaftliche, wissenschaftliche und technische Zusammenarbeit vereinbart werden. Für die weitere politische Entwicklung sollte es sich jedoch als bedeutsam erweisen, dass die Schlussakte von Helsinki die deutsche Frage offen ließ. Damit hatte das Streben der SED-Führung nach der internationalen Anerkennung der zweiten deutschen Diktatur auch Zugeständnisse mit sich gebracht, die innenpolitische Schwierigkeiten heraufbeschwören mussten. Die Unterschrift unter diese Akte sollte sich als zwiespältig erweisen.

Folgen der Entspannungspolitik

Wie in anderen Ostblockstaaten gewann auch in der DDR die Opposition mit diesem außenpolitisch motivierten Bekenntnis zu den bürgerlichen Freiheitsrechten und zu den rechtsstaatlichen Prinzipien neue Handlungsimpulse und -möglichkeiten. Dies wurde dadurch verstärkt, dass sich die DDR 1973 zur Einhaltung der allgemeinen Menschenrechte verpflichtet hatte und 1976 die beiden KSZE-Pakte über bürgerliche und politische Rechte sowie über wirtschaftliche, soziale und kulturelle Rechte unterzeichnete. Zwar schien die DDR jetzt gleichberechtigt in die internationale Völkergemeinschaft aufgenommen worden zu sein, als Produkt des »Kalten Krieges« verlor sie jedoch durch die Entspannungspolitik zunehmend ihre Funktion als Bollwerk des real existierenden Sozialismus.

Schließlich beriefen sich immer mehr Ausreisewillige aus der DDR auf die Schlussakte von Helsinki. Diese war ein wichtiger moralischer und argumentativer Rückhalt. Die Zahl der »Ausreiser« stieg von 8400 im Jahr 1977 auf über 57000 im Jahr 1984. Dieses Problem sollte die Führung der SED nicht mehr lösen können. Wichtiger war jedoch, dass sich auch die oppositionelle Bürgerbewegung auf die Abmachungen der Konferenz für Sicherheit und Zusammenarbeit stützen konnte. Damit trug die KSZE zur friedlichen Revolution und zum Untergang der zweiten deutschen Diktatur bei.

Nach der Unterzeichnung der KSZE-Schlussakte gewann Reisefreiheit als Menschenrecht an Bedeutung. Bereits ab Anfang 1972 häuften sich Ausreiseanträge, in denen auf den KSZE-Prozess bzw. auf die Mitgliedschaft der DDR in der UNO Bezug genommen wurde. Im Oktober 1973 protestierten 45 Bürger aus dem sächsischen Pirna erstmals öffentlich gegen die Verweigerung der Ausreise zweier Familien. Am 10. Juli 1976 reichten 33 Einwohner von Riesa unter Leitung des Arztes Karl-Heinz Nitschke eine gemeinsame Eingabe mit dem Titel »Petition zur vollen Erlangung der Menschenrechte« an den Staatsrat der DDR ein, in der sie ihre Ausreise forderten. In der Folgezeit gab es immer wieder Botschaftsbesetzungen, Schweigemeetings, das Anketten an öffentliche Gebäude, politische Eingaben und andere Formen öffentlicher Artikulation, um für die Einhaltung des Menschenrechts auf Reisefreiheit einzutreten. In ihrer Begründung zogen die Ausreisewilligen in der Regel die KSZE-Schlussakte heran. Die SED reagierte auf dieses widerständige Verhalten zunächst mit Repression, schob ab Herbst 1978 jedoch alle Antragsteller in die Bundesrepublik ab. Dieses Verfahren entwickelte sich in den kommenden Jahren zu einer dauerhaften Praxis.

Seit Anfang der 1970er Jahre gewannen auch kirchliche und private Kontakte nach Mittelosteuropa für die Opposition an Bedeutung. Dazu zählten Verbindungen der »Aktion Sühnezeichen« zur polnischen »Znak«-Gruppe und zum »Komitee zur Verteidigung der Arbeiter« (KOR) sowie von Jenaer, Leipziger und Naumburger

Gruppen zur »Charta 77«. Die Vorstellungen und Texte, die so in die DDR gelangten, verstärkten die Konzentration auf Menschenrechtsfragen, ohne allerdings die Grundorientierung der ostdeutschen Opposition auf Systemreformen und einen demokratischen Sozialismus aufzuheben. Von großer Bedeutung war schließlich der »Prager Appell« der »Charta 77« von 1985, der die Überwindung des Status quo in Europa und damit das Ende der deutschen Teilung forderte. Diese Anregungen nahm in der DDR besonders die »Initiative Frieden und Menschenrechte« auf, die in Anlehnung an die »Charta 77« gegründet worden war. Im Berliner Appell »Frieden schaffen ohne Waffen« vom Januar 1982 forderten Robert Havemann und Rainer Eppelmann die Überwindung der deutschen Teilung als Voraussetzung für die Friedenssicherung in Europa. Dabei wurde das Ausbrechen aus den jeweiligen Militärblöcken als nicht wahrscheinlich angesehen. Statt dessen setzte die Bürgerbewegung auf die Auflösung des westlichen und des östlichen Blocks.

Nicht alle Oppositionsgruppen folgten dem westlichen Menschenrechtsverständnis, weshalb es zu Abspaltungen und Grabenkämpfen kam. Trotzdem stärkte der KSZE-Prozess die ostdeutsche und die bundesdeutsche Entspannungspolitik und trug so zum Erfolg der friedlichen Revolution der Jahre 1989 und 1990 bei. Kontraproduktiv wirkte jedoch, dass nicht wenige westdeutsche Politiker an einer Destabilisierung der DDR offensichtlich kein Interesse mehr hatten und statt dessen auf den Dialog mit den ostdeutschen Diktatoren setzten.

»Niemand widersprach der Militarisierung der DDR«

Bausoldaten und Wehrdienstverweigerer

Militarisierung

Anders als Demokratien zeichnen sich Diktaturen in der Regel durch ein hohes Maß an Militarisierung ihrer Gesellschaft aus. Auch die ostdeutschen Diktatoren ordneten Gesellschaft und Staat militärischen Zielen und Aufgaben unter, wovon immer mehr Menschen aller Altersklassen und beruflichen Gruppen betroffen waren. Selbst das Erziehungswesen und die Freizeitgestaltung blieben nicht verschont, wie das Beispiel der vormilitärischen Ausbildung zeigt, die zunehmend junge Frauen in die Militarisierung integrierte. Im »Verteidigungsfall« konnten sie einberufen werden, Studentinnen waren zur Ausbildung in der Zivilverteidigung verpflichtet. Ihre männlichen Kommilitonen wurden in Reservistenlehrgängen zu Offizieren der Reserve ausgebildet.

Am System der Militarisierung und der Bevorzugung alles Militärischen waren die Massenorganisationen in der DDR, das Bildungswesen und die Medien beteiligt. Damit verbunden war der Versuch, militärische Strukturen und Waffenträger aufzuwerten. Ein weiteres Ziel der SED war, Leitungsfunktionen zunehmend mit länger gedienten Männern zu besetzen. Die Vergabe begehrter Studienplätze wurde von der Länge des

Waffendienstes abhängig gemacht. Besonders unter den Jugendlichen wuchs jedoch der Widerstand gegen die Militarisierung, so dass die Partei mit ihrem Ziel, breite Akzeptanz für ihre Militärpolitik zu erlangen, letztlich scheiterte.

Bausoldaten

Bis 1961 schreckte die herrschende Staatspartei vor der Einführung einer Militärpflicht zurück. Erst mit dem Bau der Mauer und der Schließung der Grenzen wurde diese verbindlich, bereits ab September 1964 ergänzt durch einen Dienst ohne Waffen: die Bausoldaten. Deren Dienstzeit, die unbewaffnet abzuleisten war, betrug 18 Monate. Nach Ablegen eines Gelöbnisses statt eines Fahneneides und einer militärischen Grundausbildung hatten sie bis 1973 in erster Linie Arbeiten auf Militär-Baustellen zu leisten. Bis 1982 lag der Schwerpunkt der Arbeiten im Bereich der Rückwärtigen Dienste der Nationalen Volksarmee, ab 1983 konzentrierte sich die Tätigkeit auf Großbaustellen und Industriebetriebe.

Die steingrauen Uniformen der insgesamt rund 27 000 als Bausoldaten Dienenden bzw. sich zu diesem Dienst Bekennenden kennzeichneten Schulterstücke mit einem Spatensymbol. Die Verweigerer des Waffendienstes hatten Zeit ihres Lebens mit beruflichen Diskriminierungen zu rechnen und waren von vielen Bildungswegen ausgeschlossen. Die Geheimpolizei stufte sie als staatsgefährdende Gegner ein, die zu bekämpfen waren.

In der Regel wurden die Bausoldaten in dem vergleichsweise hohen Alter von 23 bis 26 Jahren eingezogen und waren permanent den Schikanen der Offiziere ausgesetzt. Viele von ihnen befanden sich im Zwiespalt, da sie zwar den Waffendienst verweigerten, jedoch trotzdem geloben mussten, ihre »Kraft für die Erhöhung der Verteidigungsbereitschaft« einzusetzen und die DDR »gegen alle Feinde« zu verteidigen. Und so gab es immer wieder Versuche, das Gelöbnis zu verweigern. Nicht wenige Spatensoldaten quälte die Frage, ob es nicht doch konsequenter gewesen wäre, wie die etwa 6000 Totalverweigerer den Wehrdienst komplett abzulehnen. Als akzeptable Alternative forderten Bürgerrechtler einen Zivilen oder Sozialen Friedensdienst und damit die Möglichkeit einer totalen Wehrdienstverweigerung, die in der DDR jedoch erst in der Niedergangsphase der Diktatur 1990 durchgesetzt werden konnte.

Nach ihrer aktiven Dienstzeit gründeten Bausoldaten Friedens-, Ökologie- und Menschenrechtsgruppen und trugen wesentlich zur Entstehung einer unabhängigen Friedens- und Menschenrechtsbewegung bei. Sie hatten sich erfolgreich gegen die Militarisierung in der DDR gewehrt und damit einen wesentlichen Beitrag zur Opposition in der DDR geleistet.

Friedliche Revolution

»Die Bürgerrechtler der DDR lehnten 1989 die Wiedervereinigung ab«

Opposition und Bürgerrechtsbewegung

Reform der DDR?

Die öffentliche Diskussion über die ostdeutsche Bürgerbewegung und über die friedliche Revolution wird heute von der Vorstellung beherrscht, alle Gruppen seien einseitig auf die Reform des Realsozialismus und den Erhalt der DDR orientiert gewesen. Tatsächlich unterschied sich die Sichtweise der DDR-Oppositionellen deutlich von der der Vertreter mittelosteuropäischer Bürgerbewegungen.

Bei einer Analyse der Haltung der ostdeutschen Neunundachtziger muss beachtet werden, dass sie zu den Jahrgängen 1945 bis 1955 gehören. Sie haben den Prager Frühling bewusst miterlebt und sich in den 1970er Jahren in oppositionellen Gruppen organisiert. Spätestens in den 1980er Jahren waren diese Dissidenten von den bestehenden konspirativen Zusammenschlüssen enttäuscht. Sie erkannten, dass zum Erringen ihrer Ziele eigene Parallelstrukturen und gesellschaftliche Öffentlichkeit notwendig waren. Es ging ihnen jetzt im Kern um die Durchsetzung von Demokratie, von Öffentlichkeit, von Grundrechten und Rechtsstaatlichkeit mit Verfassungs- und

Verwaltungsgerichtsbarkeit, um Gewaltfreiheit und letztlich um einen evolutionären Wandel in der DDR. Rechte sollten erstritten werden, die auch im Grundgesetz der Bundesrepublik verankert sind: das Recht auf freie Entfaltung der Persönlichkeit, Glaubens-, Bekenntnis- und Gewissensfreiheit, Meinungs-, Informations- und Pressefreiheit, Versammlungsfreiheit sowie Vereinigungs- und Koalitionsfreiheit. Dazu kam die Garantie von sozialen Grundrechten wie dem Recht auf Arbeit und Wohnraum. An die Hoffnungen von 1968 anknüpfend, bestand bei nicht wenigen die Illusion, demokratische Veränderungen in einem spätstalinistischen Staat auch systemimmanent erreichen zu können. Dabei war die Unklarheit darüber, wie ein »Sozialismus mit menschlichem Antlitz« nun eigentlich aussehen könne, weit verbreitet. »Sozialismus« galt häufig als Metapher für eine sozial gerechtere Ordnung – auch gerechter als die soziale Marktwirtschaft der Bundesrepublik.

Demokratischer Sozialismus

Viele dieser Ziele ostdeutscher Bürgerrechtler entsprachen denen anderer mittelosteuropäischer Dissidenten. Das gilt auch für die Forderung ostdeutscher Sozialdemokraten nach Demokratie und sozialer Gerechtigkeit. Nicht anders sah es mit ihren Vorstellungen einer parlamentarischen, sozialen und ökologisch orientierten Demokratie westlichen Musters mit Gewaltenteilung, unabhängiger Justiz und Marktwirtschaft aus. Allerdings nahmen die Dissidenten dafür die zumindest noch längere Zeit währende Zweistaatlichkeit Deutschlands als Konsequenz des nationalsozialistischen Völkermords und der deutschen Aggressionskriege in Kauf.

Gruppen und Parteien

Ähnlich wie die neu gegründete Sozialdemokratische Partei in der DDR forderte eine andere wichtige Oppositionsgruppe, der »Demokratische Aufbruch«, Gewaltenteilung und parlamentarische Demokratie, hielt jedoch vorerst am Begriff des »Demokratischen Sozialismus« fest. Allerdings ging ihr Entwurf demokratischer, pluralistischer und rechtsstaatlicher Strukturen über den Staatssozialismus hinaus. Hier zeigt sich, dass Bürgerrechtler oft unreflektiert oder unbewusst Forderungen nach Veränderungen aufstellen, die das bisherige System transzendieren mussten und damit den Hoffnungen in Polen, in Ungarn und in der Tschechoslowakei recht nahe kamen. In allen diesen Ländern des Moskauer Imperiums ging es um eine »solidarische Gesellschaft« auf der Grundlage der Garantie der Menschenrechte, von Freiheit, Gerechtigkeit und Solidarität. Das konnte mit der Verwendung des Sozialismusbegriffs verbunden sein, nicht jedoch mit dessen Inhalten im (Spät-)Stalinismus.

7. Oktober 1989: Gründung der Sozialdemokratische Partei in der DDR (SDP) in Schwante
16./17. Dezember 1989: Gründung des Demokratischen Aufbruchs (DA) in Leipzig

Solidarische Gesellschaft

Auch dem »Neuen Forum« ging es in seinem Gründungsaufruf um den demokratischen Dialog über die Aufgaben des Rechtsstaates, von Wirtschaft und Kultur sowie die Einführung einer Gewaltenteilung. Dagegen hielt mit »Demokratie Jetzt« eine andere wichtige Oppositionsgruppe zunächst an einer sozialistischen Entwicklung fest, um »soziale Errungenschaften« der DDR durch Reformen nicht zu gefährden. Dass die ostdeutsche »Grüne Partei« zuerst auf einen ökologischen Umbau setzte und der »Unabhängige Frauenverband« gegen patriarchalische Machtverhältnisse polemisierte, kann nicht verwunden. Am weitesten entfernt vom parlamentarisch-demokratischen Verfassungsstaat stand wohl die »Vereinigte Linke«, die die DDR vor allem deshalb kritisierte, weil dieser Staat nicht mit marxistischen Grundthesen in Übereinstimmung zu bringen war. Grundsätzlich waren sich die Oppositionellen in ihrer Ablehnung des spätstalinistischen Herrschaftssystems in der DDR jedoch einig.

10. September 1989: Veröffentlichung des Gründungsaufrufs »Aufbruch 89 – Neues Forum«
12. September 1989: Verabschiedung des Gründungsaufrufs von »Demokratie Jetzt«
5. November 1989: Gründungsaufruf der Grünen Partei der DDR

»Gorbatschow und der Westen schenkten den Ostdeutschen Freiheit und Demokratie«

Friedliche Revolution und deutsche Wiedervereinigung

Nach dem Bau der Berliner Mauer und der Einführung der Wehrpflicht regte sich Protest gegen die zunehmende Militarisierung der DDR, der über die Bausoldaten und die Totalverweigerer eine der Wurzeln der späteren ostdeutschen Friedensbewegung wurde. Andere oppositionelle Bestrebungen sind mit dem KSZE-Prozess von 1972 und der Schlussakte von Helsinki verbunden. Eine weitere oppositionelle Strömung setzte sich aus Aktivisten der Umweltbewegung zusammen, die sich seit Mitte der 1970er Jahre mit der Verantwortung für die Schöpfung beschäftigten. Diese Gruppen, teilweise auch kritische Marxisten wie Rudolf Bahro, bildeten unter dem Dach einiger Gemeinden der evangelischen Landeskirchen Strukturen, die sich zunehmend vernetzten. Wichtige mobilisierende Ereignisse waren dabei die Selbstverbrennung des evangelischen Pfarrers Oskar Brüsewitz im August 1976 in Zeitz aus Protest gegen die Kirchen- und Jugendpolitik der SED und die Ausbürgerung Wolf Biermanns im November 1976.

Oppositionelle und Bürgerrechtler

1984 konsolidierten sich diese Gruppen. Einige, wie die »Initiative Frieden und Menschenrechte«, traten schließlich aus dem kirchlichen Schatten heraus. Die Geheimpolizei verlor zuse-

»Bleib im Land und wehre dich täglich!«

hends die Kontrolle über die Bürgerrechtler, die sich sowohl demokratisch-sozialistisch, als auch christlich, zivilgesellschaftlich und bürgerlich-demokratisch organisierten. Beschleunigende Wirkung hatte ab 1988 auch der »Konziliare Prozess für Gerechtigkeit, Frieden und Bewahrung der Schöpfung«. Ab Sommer 1989 formierten sich die Gruppen zu Bürgerbewegungen und Parteien und wurden so zu den entscheidenden Kräften der friedlichen Revolution, für deren Erfolg unterschiedliche Gründe zu nennen sind. Mit Sicherheit der, dass die Kommunisten in Ostdeutschland ihr Sendungsbewusstsein und den Glauben an ihre eigene Sache verloren hatten. Mit der Wahl eines polnischen Papstes, der Gewerkschaftsbewegung in Polen und schließlich mit der Politik des Generalsekretärs der KPdSU, Michail Gorbatschow, hatte sich Entscheidendes geändert. Der Entspannungspolitik des Westens war es gelungen, die totalitären Systeme des Ostens zu unterminieren. Nicht zuletzt durch die Hochrüstung hatten sich innerhalb des sowjetischen Blocks die wirtschaftlichen Rahmenbedingungen katastrophal verschlechtert. Die Folgen – Glasnost und Perestrojka – kollidierten allerdings mit dem erstarrten Denken der Altherrenriege des SED-Politbüros. Forciert wurde der Ausbruch der Revolution durch die Fälschung der Kommunalwahl in der DDR im Mai 1989, den Abbau der Grenzbefestigungen durch Ungarn ab Mai 1989 und die Leipziger Montagsdemonstrationen. Im Sommer 1989 war der Flüchtlingsstrom, verbunden mit der Besetzung bundesdeutscher Botschaften, nicht mehr zu bremsen.

»Wir sind das Volk«

Der Demonstration der 70000 am 9. Oktober in Leipzig kam eine Schlüsselfunktion zu. Jetzt wagten sich auch in der DDR die Menschen zum Protest auf die Straßen und vereinten sich mit der Bürgerbewegung unter dem Ruf: »Wir sind das Volk«. Dem hatten die Kommunisten nichts mehr entgegenzusetzen. Sie kapitulierten überraschend schnell und gaben damit dem Weg zur deutschen Wiedervereinigung frei. Aus dem Ruf »Wir sind das Volk« wurde spätestens nach dem Mauerfall vom 9. November 1989 die Forderung »Wir sind ein Volk«.

Am 13. November 1989 kündigten die Blockparteien der SED die Gefolgschaft auf. Schnell verlor die Staatspartei eine Machtposition nach der anderen. »Runde Tische« begannen Parlamente und Verwaltungen zu kontrollieren, und im Februar 1990 traten acht Bürgerrechtler als Minister ohne Geschäftsbereich in die Regierung ein. Ab dem 4. Dezember hatten Revolutionäre auch die Dienststellen der Geheimpolizei besetzt, deren Wirken sie am 15. Januar 1990 mit dem Sturm auf das Ministerium für Staatssicherheit beendeten. Die überwältigende Mehrzahl der Ostdeutschen verlor an einer Reform des Realsozialismus das Interesse, und die Wiedervereinigung rückte mit Macht auf die politische Tagesordnung. Diesem Ziel diente auch die erste freie Volkskammerwahl am 18. März, die eine Regierung ins Amt brachte, die sich die Einheit Deutschlands auf die Fahnen schrieb. Als es der Bundesregierung unter Helmut Kohl gelang, in den »2 + 4 Verhandlungen« (mit der Festlegung der polnischen Westgrenze) die Zustimmung der Siegermächte des Zweiten Weltkrieges zur Vereinigung zu erreichen, rückte die Wiedervereinigung in greifbare Nähe. Der Weg dahin führte über eine Währungs-, Wirtschafts- und Sozialunion und wurde dadurch beschleunigt, dass die Sowjetunion dringend auf wirtschaftliche und finanzielle Hilfe angewiesen war.

Sieger der Geschichte

Weniger als ein Jahr nach dem Beginn der friedlichen Revolution endete die Existenz der DDR am 3. Oktober 1990, vier Tage vor deren 41. Jahrestag. Freiheit, Demokratie und Rechtsstaatlichkeit waren jetzt garantiert. Die Angehörigen der SED-Nomenklatur empfanden das Ende ihrer Herrschaft als Deklassierung und Demütigung. Die Industrie der DDR brach zusammen, Millionen verloren ihre Arbeit und mussten sich neu orientieren. Im Westen fühlten sich viele als »Sieger der Geschichte« und weigerten sich, die Vereinigung als Chance für gemeinsame Reformen zu begreifen. Im Osten war das Gefühl weit verbreitet, Bürger zweiter Klasse zu sein und sich ständig belehren lassen zu müssen. Viel von dem, was friedliche Revolution und Wiedervereinigung auf die Tagesordnung gesetzt hatten, konnte nicht so oder nicht befriedigend gelöst werden. Aber eines bleibt: Sieger der Geschichte sind zuerst die Ostdeutschen, die die kommunistische Diktatur zu Fall brachten.

Anhang

Chronologie

8. Mai: Unterzeichnung der bedingungslosen Kapitulation des »Dritten Reichs« in Berlin-Karlshorst **1945**
17. Juli – 2. August: Potsdamer Konferenz der drei Siegermächte USA, Großbritannien und UdSSR
3. September: Beginn der Bodenreform

21.–22. April: Vereinigungsparteitag von KPD und SPD zur SED **1946**
30. Juni: Volksentscheid in Sachsen über die Enteignung der Betriebe von »Kriegsverbrechern und Naziaktivisten«

24. Juni: Beginn der Blockade West-Berlins durch die Sowjetarmee **1948**

7. Oktober: Gründung der DDR **1949**

9.–12. Juli: Beschluss der 2. Parteikonferenz der SED über die »Errichtung der Grundlagen des Sozialismus« **1952**

17. Juni: Volksaufstand in mehr als 700 Ortschaften, den sowjetische Truppen niederschlagen **1953**

14. Mai: Unterzeichnung des Warschauer Vertrages **1955**

14.–25. Februar: Beginn der Entstalinisierung auf dem XX. Parteitag der KPdSU **1956**
23. Oktober – 4. November: Niederschlagung der ungarischen Revolution durch sowjetische Truppen

15. April: Abschluss der Zwangskollektivierung der Landwirtschaft **1960**

13. August: Bau der Berliner Mauer **1961**

1963 **24.–25. Juni:** Beschluss über das »Neue ökonomische System der Planung und Leitung der Volkswirtschaft«

1965 **15.–18. Dezember:** Verschärfung des kulturpolitischen Kurses durch das 11. Plenum des ZK der SED

1968 **21. August:** Unterstützung des Überfalls des Warschauer Paktes auf die Tschechoslowakei durch die Bereitstellung von Truppen

1971 **3. Mai:** Rücktritt des SED-Chefs Ulbricht aus »Gesundheitsgründen«, Nachfolger wird Erich Honecker
15.–19. Juni: Beschluss des VIII. Parteitages der SED über die »Einheit von Wirtschafts- und Sozialpolitik«

1972 **21. Dezember:** Unterzeichnung des Grundlagenvertrages zwischen Bundesrepublik und DDR

1973 **1. August:** Tod Walter Ulbrichts

1975 **30. Juli – 1. August:** KSZE-Gipfelkonferenz mit Unterzeichnung der Schlussakte von Helsinki

1976 **18. August:** Selbstverbrennung des Pfarrers Oskar Brüsewitz aus Protest gegen die kommunistische Jugend- und Schulpolitik
16. November: Ausbürgerung Wolf Biermanns während einer Konzertreise in der Bundesrepublik

1978 **6. März:** Gespräch zwischen Erich Honecker und dem Vorstand des Bundes der Evangelischen Kirchen in der DDR

1983 **29. Juni:** Bewilligung eines bundesdeutscher Milliardenkredits an die DDR

1987 **7.–11. September:** Offizieller Besuch Erich Honeckers in der Bundesrepublik

1989 **Anfang August:** Beginn der Fluchtwelle aus der DDR
9. Oktober: Durchbruch der friedlichen Revolution nach Demonstration der 70000 in Leipzig
18. Oktober: Sturz Erich Honeckers

4. November: Großdemonstration auf dem Ost-Berliner Alexanderplatz
9. November: Fall der Berliner Mauer

15. Januar: Besetzung des Ministeriums für Staatssicherheit in Ost-Berlin **1990**
18. März: Sieg der »Allianz für Deutschland« in den ersten freien Wahlen in der DDR
1. Juli: Wirtschafts-, Währungs- und Sozialunion Bundesrepublik – DDR
31. August: Unterzeichnung des Einigungsvertrages
3. Oktober: Beitritt der DDR zum Geltungsbereich des Grundgesetzes

Abbildungsnachweis

Porträt Walter Ulbricht 1945/46
© SAPMO-BArch Bild Y 10-16547

Plakat „Junker-Land in Bauernhand"
© Deutsches Historisches Museum Berlin

Übersichtskarte DDR
© Herder

Ausgewählte Literatur

Am Ende des realen Sozialismus: Beiträge zu einer Bestandsaufnahme der DDR-Wirklichkeit in den 80er Jahren. Hg.: Eberhard Kuhrt, Hansjörg F. Buck und Gunter Holzweißig. 1–5. Opladen, 1996–2001.

Bilanz und Perspektiven der DDR-Forschung / Hg.: Rainer Eppelmann, Bernd Faulenbach und Ulrich Mählert. Paderborn (u. a.), 2003.

DDR-Handbuch / Wiss. Leitung: Hartmut Zimmermann. 1–2. 3., überarb. u. erw. Aufl. Köln, 1985.

Eckert, Rainer: Antitotalitärer Widerstand und kommunistische Repression: Auswahlbibliographie mit CD. Leipzig, 2005.

Einsichten: Diktatur und Widerstand in der DDR / Red.: Anne Martin und Barbara Hammerschmidt. Leipzig, 2001.

Fricke, Karl-Wilhelm: Die DDR-Staatssicherheit: Entwicklung, Strukturen, Aktionsfelder. 3. Aufl. Köln, 1989.

Gieseke, Jens: Mielke-Konzern: Die Geschichte der Stasi 1945–1990. Stuttgart; München, 2001.

Herbst, Andreas; Ranke, Winfried; Winkler, Jürgen: So funktionierte die DDR. 1–3. Reinbek bei Hamburg, 1994.

Jarausch, Konrad H.: Die unverhoffte Einheit, 1989–1990. Frankfurt/M., 1995.

Kleßmann, Christoph: Die doppelte Staatsgründung: Deutsche Geschichte 1945–1955. 5., überarb. u. erw. Aufl. Bonn, 1991.

Kleßmann, Christoph: Zwei Staaten, eine Nation: Deutsche Geschichte 1955–1970. 2., überarb. u. erw. Aufl. Bonn, 1997.

Kowalczuk, Ilko-Sascha; Wolle, Stefan: Roter Stern über Deutschland: Die Sowjetarmee in der DDR. Berlin, 2001.

Lexikon des DDR-Sozialismus: Das Staats- und Gesellschaftssystem der Deutschen Demokratischen Republik / Hg.: Rainer Eppelmann [u. a.] Paderborn [u. a.], 1996.

Lexikon Opposition und Widerstand in der SED-Diktatur / Hg.: Hans-Joachim Veen [u. a.]. Berlin; München, 2000.

Materialien der Enquete-Kommission »Aufarbeitung von Geschichte und Folgen der SED-Diktatur in Deutschland«. – 1–9. Baden-Baden, 1995.

Mitter, Armin; Wolle, Stefan: Untergang auf Raten: Unbekannte Kapitel der DDR-Geschichte. München, 1993.

Neubert, Ehrhart: Geschichte der Opposition in der DDR 1949–1989. 2., überarb. Aufl. Berlin, 2000.

SBZ-Handbuch: Staatliche Verwaltungen, Parteien, gesellschaftliche Organisationen und ihre Führungskräfte in der Sowjetischen Besatzungszone Deutschlands 1945–1949 / Hg.: Martin Broszat und Hermann Weber. München, 1990.

Schroeder, Klaus: Der SED-Staat: Partei, Staat und Gesellschaft, 1949–1990. München, 1998.

Schröder, Richard: Die wichtigsten Irrtümer über die deutsche Einheit. Freiburg, 2007.

Weber, Hermann: Die DDR 1945–1990. 3., überarb. u. erw. Aufl. München, 2000.

Wer war wer in der DDR? Ein biographisches Lexikon / Hg.: Helmut Müller-Enbergs, Jan Wielgohs und Dieter Hoffmann. 3. durchges. u. aktualisierte Aufl. Berlin, 2001.

Wolle, Stefan: Die heile Welt der Diktatur: Alltag und Herrschaft in der DDR 1971–1989. Berlin, 1998.

Zwahr, Hartmut: Ende einer Selbstzerstörung: Leipzig und die Revolution in der DDR. 2. Aufl. Göttingen, 1993.

Zwischen Selbstbehauptung und Anpassung: Formen des Widerstandes und der Opposition in der DDR / Hg.: Ulrike Poppe, Rainer Eckert und Ilko-Sascha Kowalczuk. Berlin, 1995.

Übersichtskarte DDR

DDR ab 1952